Alessandra Bernasconi

# UNA FINESTRA SUL MONDO DEI PREADOLESCENTI

## Lo "Sportello d'ascolto" alla "Scuola Media"

CW01426493

**Una finestra sul mondo dei preadolescenti**
© 2018 - Alessandra Bernasconi

ISBN | 978-88-27841-06-8

Youcanprint Self-Publishing
Via Roma, 73 - 73039 Tricase (LE) - Italy
www.youcanprint.it
info@youcanprint.it
Facebook: facebook.com/youcanprint.it
Twitter: twitter.com/youcanprintit

# INDICE

*A tutti i preadolescenti che si sono rivolti a me che, senza saperlo, mi hanno insegnato tanto.*

# Prefazione

*prof.sa Maria Luisa Patrizi, Dirigente Scolastico*

Ho incontrato nel mio percorso professionale di dirigente scolastico la dott.ssa Alessandra Bernasconi che nel 2009 conduceva uno sportello d'ascolto all'interno di un istituto comprensivo.

Avevo già conosciuto altri psicologi all'interno delle scuole che avevo diretto fino ad allora, con essi mi ero confrontata e cimentata nella difficile opera di aiutare gli adolescenti a crescere, ma da subito in questa psicologa all'apparenza così giovane ai miei occhi, ho trovato qualcosa che mi ha colpito: il rigore, la competenza, il parlare senza stereotipi, la capacità di ascolto e di osservazione, ma soprattutto l'interesse reale ai ragazzi e non ai casi. E' cominciata così una collaborazione che ancora continua nella scuola che dirigo.

Con ammirazione ho letto questo suo lavoro dedicato agli adolescenti, agli insegnanti e ai genitori. Alessandra Bernasconi racconta la sua esperienza di psicologa a scuola attraverso uno strumento insolito: i biglietti con cui i ragazzi si rivolgono a lei per chiederle i colloqui. Con leggerezza si parla di solitudine, noia, innamoramento, di emozioni e pulsioni, di diversità, di disagio, di scuola e di tanto altro.

La scuola e la famiglia sono attraversate da una crisi silenziosa: nulla è più come qualche decennio fa, sembra difficile per tutti trovare nuova autorevolezza. Questo libro vuole essere una guida semplice ed incisiva per i genitori e gli insegnanti a guardarsi con spirito autocritico per essere veramente di supporto all'adolescenza.

Maria Luisa Patrizi

Luino 1 febbraio '18

# Premessa

Sono Psicologa e Psicoterapeuta di adulti ed adolescenti ad indirizzo psicoanalitico. Nel 2004, ho iniziato la mia carriera lavorativa nelle scuole occupandomi soprattutto di Sportelli d'ascolto, screening per l'individuazione precoce dei Disturbi Specifici di Apprendimento e consulenze a genitori ed insegnanti. Oggi mi occupo principalmente di psicoterapie e certificazioni DSA presso il mio studio privato, ma ho mantenuto la collaborazione con alcune scuole di diverso ordine e grado.

Ho deciso di scrivere qualcosa sullo "Sportello d'ascolto" alla "Scuola media" per diversi motivi. Uno di questi è indubbiamente il fatto che, in quattordici anni di colloqui con numerosi preadolescenti, penso di avere imparato qualcosa sul loro conto che non ho trovato sui libri. Un altro motivo è che spesso la fase della preadolescenza viene un po' sottovalutata o trascurata rispetto a quella precedente dell'infanzia e, soprattutto, rispetto a quella successiva dell'adolescenza conclamata. Invece, anche i miei ricordi autobiografici – oltre che l'esperienza professionale – costituiscono per me un'importante testimonianza del fatto che la preadolescenza è una fase fondamentale della crescita. Sarebbe utile, in generale, che tutti gli adulti che hanno a che fare con i preadolescenti possano rievocare qualche loro ricordo di quell'età in modo da riuscire a comprenderli meglio. Perché, se è vero quello che molti genitori dicono:

"i tempi sono cambiati"; "noi eravamo diversi"; "noi non avevamo il cellulare"; "noi per parlare uscivamo in cortile non usavamo WhatsApp", ecc., è altrettanto vero che i "compiti evolutivi", che i preadolescenti si ritrovano ad affrontare oggi, sono gli stessi che hanno vissuto i loro genitori alla loro età. Poi, certo, è cambiata la società, sono cambiati i genitori, si è diffusa in modo incredibile la comunicazione virtuale, ecc., ma le questioni fondamentali rimangono le stesse. É per questo che un film per alcuni aspetti datato come "Stand by me" può e deve essere mostrato ai preadolescenti moderni: anche se i protagonisti sono ragazzi degli anni Sessanta, le loro caratteristiche, atteggiamenti, paure e speranze sono del tutto attuali. Non a caso, è un film che piace molto ai ragazzi di oggi perché riescono ad identificarsi ancora nei quattro personaggi. Ma torniamo ai ricordi personali dei genitori. Qualcuno di loro potrà rammentare ancora le prime struggenti cotte di quell'età, la prima mestruazione, la migliore amica o il migliore amico, i brutti voti, ecc. Personalmente, ad esempio, ricordo molto le prese in giro di cui ero vittima in quanto "secchiona": rievocare quel disagio mi aiuta, attualmente, a comprendere meglio ciò che provano le vittime delle prese in giro (motivo molto frequente di consultazione nelle scuole!) e, forse, a trovare dei modi più empatici di aiutarle. E questo riguarda, ovviamente, anche le altre preoccupazioni tipiche di questa fase di vita.

Inoltre, penso che gli adulti che quotidianamente interagiscono con i preadolescenti, possano trovare in queste pagine qualche utile spunto di riflessione. Mi riferisco, in particolare, ai genitori, agli insegnanti, agli educatori, ma anche ai colleghi psicologi.

Nei diversi capitoli, si troverà una breve raccolta di "bigliettini" che i ragazzi mi hanno scritto negli anni, per chiedermi un colloquio allo "Sportello d'ascolto". Penso che la lettura di questi messaggi possa esser utile anche per i diretti interessati, vale a dire i preadolescenti. Faccio un esempio pratico: sto seguendo in terapia un dodicenne molto chiuso che fa fatica a parlare con me delle cose che gli capitano. Leggere insieme i messaggi dei suoi coetanei qui raccolti ci offre lo spunto per discutere e riflettere su alcune questioni fondamentali della preadolescenza, però in un modo indiretto, quindi per lui maggiormente accettabile. Non dimentichiamo, infatti, che a questa età i ragazzi hanno un fondamentale bisogno di identificazione con i coetanei: sapere che le loro preoccupazioni quotidiane sono comuni anche ad altri li fa sentire meno soli e meno diversi. Lo stesso vale per una ragazzina di 11 anni che viene da me perché sta vivendo la separazione dei propri genitori: leggere insieme i bigliettini dei suoi coetanei che hanno vissuto la sua stessa esperienza la fa sentire meno sola e le infonde un senso di speranza: "posso farcela anch'io!". Quindi, anche gli altri adulti coinvolti potrebbero leggere insieme ai ragazzi alcuni di questi bigliettini, magari selezionandoli in base all'argomento e trovare degli spunti di riflessione.

# 1. LO "SPORTELLO" D'ASCOLTO NELLE SCUOLE SECONDARIE DI PRIMO GRADO

## Dallo psicologo ci vanno tutti: alienazione vs integrazione

Ci sono due modalità opposte di "fare" Sportello all'interno della scuola. La prima, più tradizionale, si rivolge ed interviene nei casi di gravità o di patologia. Ciò significa che lo psicologo mette a disposizione la propria competenza e professionalità solo nei casi di rilevante disagio, segnalato solitamente dai docenti o dai genitori o – molto raramente – dal protagonista stesso di tale disagio. In tale casistica possono quindi rientrare situazioni più eclatanti ed evidenti di disturbi dell'umore, di disturbi alimentari, di condotte devianti, di ritardo mentale, ecc. Di conseguenza, lo psicologo potrà prendere in carico l'alunno e vederlo regolarmente a cadenza settimanale o quindicinale (a seconda non solo della propria disponibilità, ma anche delle risorse economiche della scuola) durante l'intero anno scolastico. Anche agli inizi della mia carriera, i primi pochi alunni pionieri della scuola secondaria di primo grado (allora "Scuola media"), che avevano avuto il coraggio di fare richiesta di accesso allo "Sportello" (manifestando, come vedremo in seguito, caratteristiche tutt'altro che patologiche!), quando si assentavano dalla lezione per venire da me, suscitavano ovvie curiosità e domande da parte degli ignari compagni di classe: "Ma dove vai?", "Perché ti chiamano sempre di mercoledì?", ecc. che, ovviamente, provocavano evidente imbarazzo nel diretto interessato. Di conseguenza, mi accorsi presto che il disagio del ragazzo in questione in questo modo rischiava di aumentare perché veniva guardato con occhi giudicanti da parte del gruppo-classe, che lo considerava matto. Uso questo termine forte perché proprio questo termine veniva fuori dalle loro bocche. Subito divenni insofferente nei confronti di tale modalità di gestire lo Sportello che io stessa, nei primissimi mesi di attività, stavo inconsapevolmente utilizzando. Perché la stavo utilizzando? La risposta risiede, a mio avviso, nella parola "tabù". Senza rendermene conto, stavo "colludendo" con l'imbarazzo generale che l'introduzione del servizio di "sportello" d'ascolto aveva diffuso nel sistema scolastico. Parlo di 12 anni fa. Tale imbarazzo risiedeva nell'associazione, ancora molto presente all'epoca, tra psicologo e malattia mentale o tra psicologo e pazzia. Quindi, i pochi coraggiosi che si rivolgevano a me erano "strani", "matti", ecc. e andavano perciò protetti a volte anche con una serie fantasiosa di bugie di fronte al gruppo classe. Ma i ragazzi non sono stupidi e nemmeno ingenui, quindi ben presto intuivano che le uscite del mercoledì del malcapitato compagno non erano dovute ai problemi di salute di sua nonna, a richiami da parte della Dirigenza, a dimenticanze di materiale scolastico, ecc, ma agli incontri con la psicologa. Quindi, non solo ricevevano conferma che quel compagno "non era tanto in quadro" ma coglievano anche che gli adulti si comportavano in modo strano perché volevano nascondere in tutti i modi che stava andando dalla psicologa. In questo modo, il tabù connesso alla consultazione psicologica, ancora presente non solo nelle scuole ma nell'intera società allargata, veniva alimentato. Ebbi una conferma di questo mio sentore durante gli incontri iniziali di "brainstorming" durante i quali spiego agli alunni di prima in cosa consiste lo "sportello" d'ascolto. Durante il brainstorming, gli alunni sono invitati a esternare le proprie idee. Sempre, agli inizi della mia carriera, veniva fuori durante queste discussioni la parola pazzia. Sempre, alla domanda: "Secondo voi, per quali motivi ci si può rivolgere allo sportello d'ascolto?", qualcuno rispondeva: "I matti, i pazzi, ecc.", suscitando ilarità generale e profondo disagio nei pochi compagni che si erano rivolti o si stavano rivolgendo o avevano l'intenzione di rivolgersi a qualche psicologo sia all'interno della scuola sia all'esterno. Fu durante queste discussioni che iniziai a contrastare esplicitamente il tabù perché cominciai a spiegare ai ragazzi che <u>non è vero che dallo psicologo ci vanno i matti perché dallo psicologo ci vanno tutti.</u> Questa mia spiegazione suscitava espressioni meravigliate, occhi sbarrati, ma anche un senso generale di curiosità e di sollievo. Sollievo perché i ragazzi si rendevano improvvisamente conto di tante cose fondamentali: che il loro compagno non era matto, che tutti gli esseri umani soffrono, che tutti i coetanei hanno problematiche simili, ecc. Attualmente, soprattutto nelle scuole avvezze alla presenza dello psicologo scolastico, noto con piacere che il tabù è pressoché scomparso. Negli ultimi brainstorming che ho svolto qualche giorno fa, la parola pazzia è sparita e i ragazzi hanno perfettamente capito qual è il ruolo e la funzione dello psicologo scolastico. Ovviamente, per contrastare il tabù, iniziai ad introdurre altri piccoli grandi accorgimenti. E man mano che la reticenza a rivolgersi a me diminuiva, sempre più ragazzi facevano richiesta di colloqui: attualmente, se si viene a sapere che un compagno si reca allo "Sportello", non si pensa più che sia matto, ma che abbia una qualsiasi comune preoccupazione che può riguardare tutti. Anche perché, a meno che l'ufficio dove lo psicologo riceve non sia ben nascosto, anche solo per una questione logistica, i compagni possono essere visti nell'atto stesso di varcare quella soglia. E collocare il luogo d'ascolto in un'area nascosta va contro gli obiettivi di integrazione e di facile accessibilità del servizio stesso. Tale approccio permette anche di restituire dignità e di contrastare l'emarginazione degli alunni più sofferenti: lo "Sportello" non è più appannaggio loro, ma loro come *tutti* gli altri possono averne bisogno. La segretezza quindi non può più riguardare tanto il fatto di rivolgersi allo Psicologo (che, come abbiamo visto, diviene un'esperienza comune, normalizzante, aperta a tutti), ma le motivazioni individuali alla base di tale richiesta: si può venire a sapere o intuire che i compagni ci vanno, ma, a meno che non ci sia un rapporto di intimità e confidenza, non se ne conoscono i motivi. A conferma e manifestazione di ciò, sono gli avvisi che ad inizio anno scolastico vengono distribuiti alle famiglie: tutti gli alunni ricevono il modulo di accesso allo sportello d'ascolto perché *tutti,* durante gli anni scolastici, potrebbero averne bisogno. In sintesi, un'eccessiva preoccupazione riguardante la segretezza di accesso allo "Sportello" porta all'alienazione dei fruitori, non alla loro integrazione e va quindi contro allo scopo primario di qualsiasi intervento psicologico: la promozione del benessere dell'utenza coinvolta.

Se lo sportello diviene un'esperienza normalizzante, va da sé che i motivi di consultazione più frequenti riguardino la quotidianità (come vedremo approfonditamente in seguito): amicizia, famiglia, scuola, innamoramento, prese in giro, ecc. E' ovvio che, tra tutti gli alunni che si rivolgono ad esso, può poi essere individuata un'esigua percentuale di situazioni gravi, a rischio e/o di evidente e conclamata patologia, ma essi costituiscono l'eccezione e non la regola e dopo uno o due colloqui conoscitivi vengono gentilmente inviati nei servizi di cura mentale pubblici o privati esterni alla scuola perché solo essi possono garantire una presa in carico adeguata: <u>all'interno della scuola non si fa psicoterapia.</u>

In sintesi, la modalità che utilizzo e che suggerisco di utilizzare per garantire l'utilità e la sopravvivenza del servizio possiede le seguenti caratteristiche:

- ⅄ luogo accessibile e non nascosto (senza l'imbarazzo o la preoccupazione che i fruitori possano essere visti quando entrano);
- ⅄ normalizzante anziché patologizzante;
- ⅄ di accesso possibilmente spontaneo e non obbligato da terzi;
- ⅄ di prevenzione e non di cura;

19

⅄ focalizzata sul problema e non generalizzata;

⅄ di breve durata e non di lunga durata;

⅄ luogo "protetto", con garanzie di privacy e di segreto professionale.

Una precisazione sulle ultime cinque caratteristiche. La spontaneità di utilizzo è di enorme importanza in una fascia d'età in cui cominciano ad emergere delle spinte verso l'autonomia e l'iniziativa personale. L'alunno che decide di rivolgersi allo psicologo, che compila il bigliettino e lo mette nella buca delle lettere sta "prendendo in mano" in modo attivo la sua situazione: si è accorto che ha una preoccupazione, un problema che non riesce a risolvere autonomamente o con le forme più tradizionali di aiuto (amici, genitori, ecc.) e decide di porvi rimedio. Già questo atto in sé, apparentemente semplice, manifesta la presenza di una sana motivazione verso il benessere psicologico, senza la quale l'intervento dello psicologo rischia di divenire inutile se non controproducente (mi riferisco a quelle situazioni in cui i preadolescenti o adolescenti sono obbligati a rivolgersi allo psicologo scolastico o extrascolastico). Ciò non toglie che gli adulti coinvolti e testimoni di un eventuale disagio possano consigliare dolcemente al ragazzo di rivolgersi allo sportello. Ma consigliare è ben diverso che obbligare.

Anche l'ottica della prevenzione è fondamentale. Lo sportello d'ascolto vuole intervenire sulle prime manifestazioni di disagio per evitare che si aggravino e/o cronicizzino. Prendiamo l'esempio del bullismo: le vittime prese di mira possono rivolgersi tempestivamente ad un servizio professionale di semplice e comodo accesso prima che le conseguenze più deleterie si manifestino. L'effetto normalizzante permette allo psicologo di raggiungere un'area sempre più vasta di popolazione scolastica, diffondendo un importantissimo messaggio di attenzione verso il benessere psicologico in senso lato. Penso addirittura che la mera presenza di uno sportello secondo la modalità qui descritta possa già di per sé contribuire alla lotta contro il bullismo all'interno delle scuole coinvolte proprio perché rappresenta una manifestazione e favorisce la diffusione di un atteggiamento attento nei confronti dei vissuti emotivi: <u>la scuola non solo come luogo di apprendimento ma anche come spazio di benessere psicologico</u>. Anche perché oggi più che mai, non esiste apprendimento se non si passa attraverso l'attenzione agli aspetti più affettivi.

Per quanto riguarda la durata della presa in carico nello Sportello, essa, coerentemente con quanto sopra descritto, deve essere necessariamente breve perché focalizzata sulla motivazione che ha spinto il ragazzo a chiedere aiuto. É ovvio che lo psicologo deve anche raccogliere informazioni a 360 gradi per farsi un'idea abbastanza precisa dell'individuo che ha di fronte, ma questo senza perdere di vista la specificità del suo intervento, che non è psicoterapeutica. Il fatto che non sia terapeutico non toglie utilità o importanza al suo intervento, anzi.

Infine, ricordo l'importanza fondamentale della privacy e del segreto professionale. Il fatto che il luogo d'ascolto non sia nascosto, non significa che non debba essere un luogo protetto. Per "protetto" intendo uno spazio dove viene garantita la segretezza di quello che i ragazzi e lo psicologo si dicono e dove vengono eliminate le fonti di interferenza che disturbano l'ascolto. Nessuno a parte i diretti interessati deve poter più o meno casualmente sentire quello che viene detto nello spazio d'ascolto e il colloquio non deve essere disturbato da telefonate, fax, o interruzioni di qualsiasi tipo. Il luogo d'ascolto deve essere uno spazio adeguato e preposto per questa funzione: no, quindi, ad aule, sale insegnanti, bidellerie, ecc. che vengono allestite alla bella e meglio per lo scopo. Altra questione fondamentale è il segreto professionale: durante gli incontri nelle classi per spiegare il servizio, bisogna sempre rassicurare gli alunni riguardo alla segretezza: lo psicologo non può e non deve rivelare le loro confidenze a nessuno, nemmeno ai loro genitori. Questa informazione desta sempre molto stupore e sollievo al contempo: "davvero? Neanche ai nostri genitori?", ma, al di là della deontologia professionale, occorre ricordare che siamo di fronte ad un'età in cui inizia il processo di "separazione psicologica" dai genitori, quindi, ben venga che anche la questione del segreto professionale possa aiutarli a delineare un confine tra loro e mamma e papà: stanno crescendo, quindi è del tutto normale (anzi sano) che inizino a coltivare un angolino nel loro mondo interiore in cui i genitori possono e devono evitare di entrare. Ovviamente, diverso è il caso in cui sia il ragazzo stesso a raccontare a mamma e papà quello che lui e lo psicologo si sono detti. Inoltre, come avviene nel caso della psicoterapia di adolescenti, la questione del segreto professionale non impedisce al professionista di convocare e di confrontarsi con i genitori qualora lo ritenga opportuno: in questo caso, le comunicazioni dello psicologo non riguarderanno il "cosa" (le informazioni che il ragazzo gli ha rivelato), bensì il "come", vale a dire una restituzione sul suo funzionamento psicologico e le modalità secondo cui i genitori dovrebbero interagire con il figlio.

In sintesi, ritengo che la conduzione di sportelli d'ascolto secondo la modalità qui presentata possa contribuire anche a contrastare un poco il tabù ancora diffuso a livello sociale che associa la figura dello psicologo alla pazzia e porta ad un utilizzo nascosto dello stesso anche da parte degli adulti, oppure, ancora peggio, ad un mancato suo utilizzo seppur in casi di evidente sofferenza proprio per non correre il rischio di sentirsi o di essere considerati matti.


## L'integrazione dello psicologo nella "famiglia" scolastica

Per ottenere l'effetto normalizzante sopra descritto, è fondamentale che lo psicologo si integri all'interno del sistema scolastico, divenendo gradualmente parte di esso. Infatti, la prima modalità di conduzione dello sportello (quella da me definita patologizzante) vede solitamente il professionista ai margini sia spaziali sia temporali sia relazionali del sistema scolastico. Questa marginalità (spesso presente anche in altre figure di cura scolastiche, come gli insegnanti di sostegno e/o gli educatori) è al contempo favorita dal tabù e promotrice di esso. In questo modo, lo psicologo si limita a trasferire il proprio studio all'interno delle mura scolastiche senza divenirne parte integrante. Penso che tale approccio sia fallimentare, vale a dire che porti magari non immediatamente ma gradualmente alla "morte" dello Sportello d'ascolto.

Ritengo, infatti, che l'inserimento dello psicologo scolastico all'interno della scuola sia il primo passo fondamentale affinché il suo servizio possa arrivare all'utenza. Di conseguenza, sono essenziali tutte quelle attività preliminari di conoscenza reciproca tra lo psicologo e la scuola intesa come "sistema", vale a dire come l'insieme delle relazioni che si intrecciano all'interno di essa in un rapporto causale complesso, non lineare: "ogni parte di un sistema è in rapporto tale con le parti che lo costituiscono che qualunque cambiamento in una parte causa un cambiamento in tutte le parti e in tutto il sistema" (Watzlawick). Ritengo, quindi, che un progetto di consulenza psicologica non possa prescindere dal fatto che un "elemento esterno" – in questo caso, lo psicologo – debba inserirsi, integrarsi in un "sistema" complesso, risultato dell'insieme di relazioni che negli anni si sono intessute all'interno di esso, nonché della sua storia, del macrosistema sociale, culturale, geografico in cui è inserito, ecc. Il "sistema" scuola è il risultato delle relazioni di tutti gli "attori" coinvolti: alunni, insegnanti, genitori, dirigenza, collaboratori scolastici, personale Ata, enti pubblici e privati esterni, ecc. Lo psicologo è un elemento "perturbatore" che, come tale, influenza ed è influenzato dal sistema scolastico in cui si inserisce.

Se lo psicologo riesce ad integrarsi, questo innesca un proficuo circolo virtuoso: gli insegnanti e i collaboratori imparano a fidarsi, sempre più spesso suggeriscono agli alunni di rivolgersi allo "sportello", gli alunni si sentono compresi e appoggiati anche dagli insegnanti, ecc.

Questa operazione richiede allo psicologo di mettere da parte eventuali atteggiamenti di presunzione, che spesso sono difensivi, vale a dire costituiscono una reazione all'insicurezza derivante dal ritrovarsi a svolgere un compito difficile. Spesso i colleghi, soprattutto se inesperti e alle prime armi, tendono ad irrigidirsi ponendosi come detentori del sapere psicologico e/o salvatori degli alunni problematici. A volte a tale atteggiamento corrispondono atteggiamenti altrettanto disfunzionali da parte del personale scolastico. Ad esempio, l'introduzione della figura dello psicologo può suscitare nel "sistema" scolastico aspettative inconsce non realistiche secondo cui sarebbe finalmente arrivata la "soluzione" a tutti i problemi. Questo investimento eccessivo deriverebbe da un meccanismo di idealizzazione che potrebbe essere seguito da un'altrettanto irrealistica disillusione. Per evitare ciò, è importante che i limiti realistici di questo intervento vengano il più possibile chiariti ed esplicitati: che lo psicologo venga visto e vissuto come un professionista con cui collaborare, non come la soluzione magica a tutti i problemi. E al giorno d'oggi le scuole hanno tanti problemi dovuti alla diffusione di famiglie, alunni, insegnanti, personale e società sempre più fragili. Dal canto suo, lo psicologo dovrebbe cercare di porsi e presentarsi secondo un'ottica realistica di collaborazione e umiltà, tenendo presente che è un "ospite" che deve entrare in punta di piedi in un microcosmo che esiste e ha una propria storia solitamente da decenni prima del suo arrivo. E come tutti gli ospiti, egli può divenire ben accetto ed entrare a far parte, gradualmente, della "famiglia" oppure essere rifiutato o ignorato. Questo esito non dipende solo dalla maggiore o minore rigidità del sistema scolastico (sistemi particolarmente chiusi fanno fatica ad accettare i cambiamenti ed i nuovi inserimenti) ma anche dall'abilità dello psicologo di entrare in relazione con quello specifico sistema scolastico, mettendo da parte motivazioni irrealistiche ed atteggiamenti improduttivi.

## L'importanza del brainstorming iniziale

Come accennato, affinché i ragazzi utilizzino lo "Sportello", devono prima avere bene in chiaro in cosa consiste. Il brainstorming iniziale svolto in ogni classe prima deve avere alcuni fondamentali obiettivi:

- chiarire il ruolo e la funzione dello psicologo scolastico: le cose vanno chiamate con il proprio nome ed è fondamentale che lo psicologo venga presentato e si presenti come tale e non come un altro professore, un aiutante dei docenti, ecc. I ragazzi devono capire bene che lo psicologo scolastico è una figura cui ricorrere nella quotidianità non nella "patologia", che non mette voti, che non riferisce ad altri quanto a lui confidato, ecc.

- abbattere eventuali pregiudizi: il brainstorming deve fare emergere i preconcetti dei ragazzi legati alla figura dello psicologo e a chi ricorre al suo aiuto: ad esempio, un pregiudizio ancora abbastanza frequente può essere l'associazione tra psicologo e pazzia. È fondamentale combattere tale associazione diffondendo il messaggio che tutti si possono rivolgere a tale professionista;
- capire le motivazioni di utilizzo dello "Sportello": attraverso degli esempi, è importante che i ragazzi possano comprendere molte delle preoccupazioni comuni che possono portare un loro coetaneo a rivolgersi allo psicologo scolastico. Di conseguenza, durante il brainstorming, i ragazzi possono già individuare alcune loro preoccupazioni che potrebbero spingerli, durante i tre anni scolastici, a richiedere un colloquio. Se, ad esempio, scoprono che le prese in giro possono essere un motivo di consultazione, più facilmente chiederanno aiuto in caso di prese in giro.
- Apprendere il come, il quando e il dove: alla fine del brainstorming, ai ragazzi bisogna spiegare chiaramente *come* chiedere l'appuntamento (il bigliettino, cosa scrivere, dove si trova la buca delle lettere, ecc.); *quando* saranno chiamati (il giorno scelto per lo Sportello, in quali ore, per quanto tempo, ecc.), la *frequenza* e la *durata* degli incontri ed il luogo in cui verranno tenuti, con le precisazioni sulla privacy ed il segreto professionale.

Infine, essendo un contesto di prevenzione e non di psicoterapia, ritengo fondamentale che la frequenza degli incontri sia quindicinale, che il numero dei colloqui sia limitato (preferibilmente: un paio), che la durata del singolo incontro sia contenuta perché avviene durante le lezioni scolastiche (al massimo 40 minuti, ma spesso è sufficiente mezz'ora) e che vengano rispettati gli impegni didattici degli studenti e degli insegnanti (ad esempio: non chiamare a sportello durante le verifiche). Questo anche allo scopo di evitare che qualche alunno possa pensare di ricorrere allo "sportello" per sottrarsi ai doveri scolastici.

## I bigliettini: una "chiave" di accesso

Presso le "scuole medie" dove lavoro e dove ho lavorato, i ragazzi che desiderano un colloquio con me devono scrivermi e lasciarmi nella "buca delle lettere" un bigliettino con nome, cognome e classe e, se vogliono, una descrizione del motivo per cui fanno richiesta.  In questa fase d'età, la preparazione del biglietto ha delle funzioni molto importanti:

- è un atto di consapevolezza: se un ragazzo/a decide di contattarmi, significa che è consapevole di avere un problema/preoccupazione e che lo psicologo scolastico può fare qualcosa per aiutarlo/a. Questa consapevolezza è un primo fondamentale passo verso il benessere mentale ed esprime un atteggiamento attivo nei confronti dei propri problemi;

- è un atto di autonomia: quando un preadolescente decide di scrivermi, sta "prendendo in mano" la propria vita, nel senso che fa qualcosa di concreto per aiutarsi in prima persona, anziché aspettare che siano sempre gli adulti a farlo. Questo gesto è fondamentale in una fase dove le spinte verso l'indipendenza iniziano a farsi sentire, sebbene in un modo frequentemente conflittuale;

- è un atto collaborativo: ovviamente, se un ragazzo/a scrive il bigliettino (anche se consigliato dagli adulti), desidera essere aiutato, aspetta di essere chiamato e presenta una buona motivazione nei confronti dell'aiuto. Al contrario, se il preadolescente viene chiamato dallo psicologo in assenza di una sua richiesta o motivazione, può comprensibilmente manifestare reazioni di disagio e di chiusura/rifiuto nei confronti di qualsiasi tentativo di aiuto;

- è un atto di fiducia: i ragazzi lasciano i bigliettini e iniziano a scrivere i loro turbamenti se sanno che solo lo psicologo ne ha accesso e li legge. Per questo è importante che gli studenti possano disporre di una vera e propria "buca delle lettere" in cui inserire i bigliettini, sapendo che solo lo psicologo ne possiede la chiave.

In questi anni, ho ricevuto centinaia di bigliettini più o meno sintetici ma TUTTI significativi per i motivi sopra descritti. Li conservo gelosamente in un luogo segreto.

Ne ho selezionati alcuni (cancellando i dati dei ragazzi) per trascriverli nei capitoli successivi. Penso, infatti, che leggere direttamente quello che i preadolescenti scrivono con le loro parole possa aiutare gli adulti a comprendere meglio il loro mondo. La selezione dei biglietti non è stata semplice: ho cercato di trascrivere i più rappresentativi, eliminando però quelli troppo dettagliati, per meglio tutelare la privacy dei ragazzi.

Inoltre, in una società dove i social network rischiano di sostituire sempre più i mezzi di comunicazione più tradizionali, il ritorno al "cartaceo" dei bigliettini può conferire particolare significatività a tale atto, in quanto insolito (ora i messaggi privati si scrivono su WhattsApp o Messenger). Questo è valido soprattutto negli ultimi anni, perché quando ho iniziato con gli Sportelli d'ascolto nel 2004, i social network non erano ancora così utilizzati.

Detto questo, non rifiuto la possibilità che anche lo Psicologo Scolastico possa essere contattato con mezzi più moderni e più familiari per le nuove generazioni (ad esempio: un messaggino whatsapp) perché, come descritto sopra, il professionista deve sapersi integrare con i diversi "sistemi", adeguandosi ai nuovi mezzi di comunicazione per poter essere facilmente accessibile ed entrare in contatto con le persone che ne hanno bisogno.

# 2. LA PREADOLESCENZA: UNA FASE ETEROGENEA

La preadolescenza è quella fase di vita che si trova tra l'infanzia e l'adolescenza e che ha inizio con lo sviluppo puberale, vale a dire con il menarca per le ragazze e la prima polluzione per i ragazzi.

Per semplificare, si potrebbe fare coincidere tale fase con l'età della scuola secondaria di primo grado (una volta chiamata scuola media), senza dimenticare, tuttavia, che questo momento di vita è caratterizzato da un'evidente *eterogeneità.*

Per eterogeneità intendo che tra coetanei si possono trovare individui con caratteristiche fisiche e psicologiche ancora prettamente infantili e altri con atteggiamenti e caratteristiche fisiche già tipici dell'adolescenza conclamata. Questo spiega perché, in una stessa classe, si possono trovare soggetti profondamente diversi tra loro che tendono a raggrupparsi in sottogruppi: "chi si assomiglia si piglia", questo proverbio mi pare particolarmente azzeccato a questa età perché i soggetti più infantili si trovano meglio con compagni dalle caratteristiche simili alle proprie, così come quelli già adolescenti cercano la compagnia di amici affini. Inoltre, i diversi sotto-gruppi non socializzano tra loro, anzi quelli già adolescenti tendono ad escludere e a rifiutare (spesso esplicitamente attraverso, ad esempio, le prese in giro) i compagni più infantili.

Penso che questa eterogeneità possa essere spiegata da più fattori, tra i quali io evidenzierei:

- ⅄ lo sviluppo puberale;
- ⅄ le caratteristiche psicologiche;
- ⅄ la presenza di fratelli o sorelle maggiori.

Per quanto riguarda lo sviluppo puberale, tra i ragazzi in cui è già avvenuto, la tempesta ormonale li porta a sviluppare un evidente interesse verso i soggetti dell'altro sesso o, più raramente, dello stesso sesso (le cosiddette cotte), e, di conseguenza, a confrontarsi con gli amici che stanno vivendo la stessa cosa. Chi, invece, non è ancora sviluppato può guardare con disagio e con atteggiamento critico i compagni già interessati dai primi innamoramenti.

Oltre allo sviluppo puberale, contano molto anche le caratteristiche psicologiche. In particolare, i soggetti più indipendenti dai genitori, anche se non sono ancora sviluppati fisicamente, possono presentare atteggiamenti già adolescenziali. Lo stesso vale anche per i preadolescenti che hanno sorelle o fratelli più grandi: ho notato che questo fattore li può spingere, spesso, ad assumere più precocemente atteggiamenti adolescenziali, forse proprio per emulare i fratelli maggiori (cfr. paragrafo: "Il preadolescente e i suoi fratelli", capitolo 7).

L'eterogeneità non è solo interpersonale ma anche intrapersonale. Con questo intendo dire che spesso, in uno stesso soggetto, possono coesistere atteggiamenti tipicamente infantili con altri già adolescenziali. Ad esempio, le ragazze possono ancora giocare a Barbie con le amiche e al contempo vivere le prime cotte. Oppure, i preadolescenti possono desiderare e richiedere ancora le coccole dei genitori come quando erano bambini e contemporaneamente sognare il primo bacio con la persona di cui sono innamorati. Altro esempio che spesso preoccupa i genitori è che qualcuno di loro a questa età vuole tornare per un periodo a dormire nel lettone, luogo che aveva abbandonato da anni. Oppure possono alternare momenti in cui sembrano già autonomi ed emancipati ad altri in cui sembrano regredire e ritornare bambini (magari nel giro di pochi giorni!). Tutto ciò riguarda la fase di cambiamento che stanno vivendo e richiede agli adulti di riferimento un atteggiamento di accoglienza sia dei bisogni infantili sia di quelli adolescenziali, avendo in mente le peculiarità di questa delicata fase.

Vorrei approfondire i compiti psicologici dei preadolescenti. Essendo la fase iniziale dell'adolescenza, il loro compito principale - così come evidenziato da Gustavo Pietropolli Charmet (2000) - è sicuramente quello della separazione psicologica dai genitori per "nascere socialmente". Intendo dire che i preadolescenti, per diventare grandi, devono necessariamente prendere le distanze psicologicamente ed affettivamente dai genitori per volgere il loro interesse verso i coetanei. Da ciò consegue che il ruolo dei genitori nella loro vita psichica viene ridimensionato rispetto all'infanzia poiché inizia ad assumere valore ed importanza il ruolo dei coetanei. Ciò spiega, da una parte, il valore fondamentale dell'amicizia a questa età e, dall'altra, la diffusione delle prese in giro: la ricerca spesso ansiosa e fondamentale del migliore amico (vissuta più spesso dalle femmine) è al contempo espressione e promotrice della nascita sociale del ragazzo (che cerca qualcuno fuori dalla famiglia su cui operare un importante investimento affettivo). Il migliore amico diviene complice ad accompagnatore in questo viaggio verso l'adolescenza perché ne condivide le stesse problematiche ed esigenze. Per quanto riguarda la presa in giro, vengono attaccati spesso i tratti infantili dei compagni meno emancipati poiché si sente il bisogno di prendere le distanze da essi. Infatti, i compagni più tartassati sembrano essere i "cocchi di mamma", vale a dire i coetanei che ancora non hanno iniziato il processo di separazione psicologica dai propri genitori (cfr. capitolo 5).

In questa fase di passaggio in cui i genitori non sono più al centro del mondo, se il preadolescente non trova dei complici o compagni di viaggio, può sentirsi molto solo e disorientato. Questo può essere un motivo per cui lo sportello d'ascolto è molto utilizzato soprattutto dagli alunni delle classi prime. Lo psicologo, in questo caso, assume il ruolo di "traghettatore": colui che li può aiutare a svolgere questo viaggio verso il futuro.

# 3. QUALCHE STATISTICA SULL'UTILIZZO DELLO "SPORTELLO"

Sebbene la mia esperienza di "Sportello d'ascolto" nelle scuole sia iniziata nell'anno scolastico 2003/04, possiedo dati accurati di otto anni scolastici, quindi le seguenti percentuali si basano su di essi.

Raggruppando i dati di otto anni scolastici, riguardanti un campione di 604 alunni di tre Scuole Secondarie di Primo Grado della provincia di Varese, posso affermare che alcuni risultati costituiscono una costante.

Prima di tutto, è importante sottolineare che la percentuale di utilizzo del servizio ha oscillato in questi anni da un minimo del 12% ad un massimo del 46% sul totale di tutti gli alunni di ogni scuola e che tra gli alunni di prima si è arrivati ad una percentuale di utilizzo dell'82%.

Tra i dati che si ripetono costantemente anno dopo anno, troviamo la prevalenza del genere femminile. Su 604 ragazzi, 381 sono femmine (63,1%):

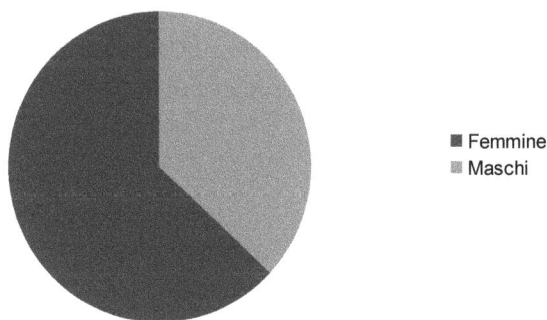

■ Femmine
▨ Maschi

Questo dato è una costante nella mia esperienza di "Sportello" scolastico e può essere ricondotto ad una maggiore predisposizione del genere femminile ad esprimere verbalmente emozioni e sentimenti rispetto ai maschi, nonché ad un'idea ancora un po' diffusa tra i maschi che chiedere aiuto esterno sia un segno di debolezza. Penso che sia fondamentale un'opera di educazione del genere maschile che cerchi di contrastare tale atteggiamento, alla base del quale possono stare anche condotte aggressive e devianti, più diffuse tra i maschi. In particolare, sin dalla Scuola dell'Infanzia, sono utili gli interventi di educazione all'affettività, basati sull'importanza di riconoscere ed esprimere qualsiasi emozione, a prescindere dal genere; ad esempio, sono fondamentali messaggi quali "anche i veri uomini piangono e soffrono", "perdere le staffe non è segnale di forza, bensì di fragilità", ecc. Questi insegnamenti sono importanti per contrastare atteggiamenti aggressivi nei maschi anche nei confronti delle femmine (pensiamo ai casi di femminicidio!) e devono essere diffusi anche e soprattutto tra i genitori (tra i padri in primis).

Altro dato costante è il maggiore utilizzo dello sportello da parte degli alunni di prima. Su 604 alunni, ben 383 sono di prima (63,4%), 126 di seconda (20,9%) e 95 di terza (15,7%):

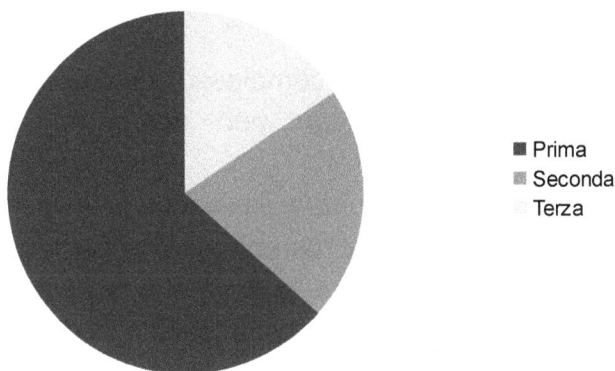

■ Prima
▨ Seconda
Terza

A mio avviso, questo dato può essere spiegato tenendo a mente la specificità della fase preadolescenziale. Il passaggio dalla scuola primaria alla scuola secondaria di primo grado può essere visto come rito di passaggio dall'infanzia alla preadolescenza: in questo cambiamento, soprattutto nei mesi iniziali, molti ragazzi sono disorientati, anche per l'eterogeneità tipica di questa fase e spiegata precedentemente. In particolare, sono spiazzati dai molteplici mutamenti anche esterni e dalla diversità di trattamento che ricevono alle scuole medie: in generale, infatti, l'atteggiamento dei docenti della scuola secondaria è meno materno e affettivo, direi più paterno e normativo rispetto a quello dei docenti della primaria. I ragazzi si ritrovano, così, a passare dal familiare "dare del tu alla maestra" al più normativo e formale "dare del lei ai prof."; a gestire l'incremento di materie, insegnanti e compiti; al non riuscire più a conciliare i compiti e lo studio con il gioco e gli sport; ad elaborare il cambiamento di compagni di classe, ecc.

In questo scenario complesso, come detto sopra, rivolgersi allo psicologo può assumere tre funzioni principali:

⅄ *un faro nella nebbia*: il preadolescente spaventato e disorientato dai cambiamenti che sta vivendo e dall'incremento delle norme a scapito degli affetti può trovare nella figura dello psicologo scolastico che si occupa, appunto, degli aspetti affettivi, una figura più vicina e familiare in grado di offrirgli supporto e comprensione;

⅄ *un traghettatore*: come spiegato nel capitolo precedente, lo psicologo può e deve essere vissuto come figura che facilita, che aiuta il preadolescente nel suo processo di crescita; una sorta di aiutante che lo affianca senza giudicarlo né rimproverarlo durante il suo viaggio;

⅄ *una fata (se psicologa) o un mago (se psicologo):* ho talvolta riscontrato negli alunni di prima un investimento di tipo magico nei confronti dello psicologo scolastico. Mi riferisco all'idea irrealistica e di retaggio infantile che egli possa con una bacchetta magica eliminare qualsiasi problema o fonte di sofferenza. Ad esempio, tra queste aspettative magiche, ho a volte individuato la richiesta che io possa trovare lavoro ad un papà disoccupato, rimettere insieme dei genitori separati o di fare innamorare il ragazzo/a di cui hanno la cotta. Il rendersi conto che lo psicologo non possiede la bacchetta magica, superata una certa delusione iniziale, aiuta in realtà il preadolescente ad abbandonare il mondo ovattato dell'infanzia per entrare gradualmente nella realtà in cui la vera sfida non è evitare i problemi, ma trovare gli strumenti giusti per affrontarli. Sono questi "strumenti" che cerco di fornire loro quando si rivolgono a me.

Negli anni successivi, lo psicologo viene vissuto e quindi "utilizzato" in maniera un po' diversa. Abbandonate le aspettative magiche dell'infanzia, il suo impiego diviene più realistico e consapevole. In particolare, lo sportello d'ascolto perde la funzione di rito di iniziazione che aiuta a passare dall'infanzia (scuola primaria) alla preadolescenza (scuola secondaria). Negli anni successivi, ci si rivolge allo psicologo soprattutto quando ci si rende conto di non riuscire a placare una preoccupazione in altri modi: i ragazzi sono più indipendenti dagli adulti, quindi anche dallo psicologo stesso.

Per quanto riguarda i motivi principali che in questi anni hanno spinto i ragazzi a rivolgersi a me, in 201 casi (il 33,2%) hanno riguardato i rapporti con i coetanei, vale a dire i compagni di classe o gli amici (trattati nel capitolo 4). In questa categoria, rientra anche la questione delle "prese in giro", a cui ho dedicato un capitolo a parte (capitolo 5). Le preoccupazioni riguardanti la scuola hanno coinvolto ben 154 ragazzi (25,4%): in questa area, rientrano le difficoltà legate al metodo di studio, l'ansia da interrogazione o da esame, il disagio legato ai brutti voti o alle note (anche connesso alla reazione dei genitori), il rapporto con i professori, la questione dei disturbi specifici di apprendimento, l'orientamento scolastico (capitolo 6). Le preoccupazioni riguardanti la famiglia sono state preminenti in 126 casi (20,8%), legate soprattutto alla separazione dei genitori, al rapporto con i fratelli, alle liti con i genitori o ai conflitti con i parenti (capitolo 7). Le questioni di cuore hanno invece portato 76 preadolescenti a consultarmi (12,5%): in prima media, soprattutto per condividere i vissuti legati alle prime cotte e alla richiesta di consigli su come dichiararsi, oppure per elaborare le prime delusioni d'amore. In seconda e terza media, spesso la preoccupazione riguarda il rapporto con il fidanzatino o la fidanzatina, soprattutto legato alla gestione della gelosia (capitolo 8). Le richieste dirette riguardanti la sessualità sono molto rare: i ragazzi preferiscono sfruttare gli interventi di educazione sessuale che vengono svolti nelle classi poiché l'imbarazzo può essere diluito e condiviso con gli altri, rispetto ad una consulenza individuale. Cito, infine, la categoria che tendo a definire "questioni emotive" o "disagio in preadolescenza", nella quale rientrano tutte le preoccupazioni e le difficoltà di tipo psicologico legate alla crescita: i problemi di comportamento, i disagi legati alla percezione e alla manipolazione del corpo (dismorfofobie, tic nervosi, onicofagia, tricotillomania, atteggiamenti autolesionisti come il self-cutting, ecc.), le paure e fobie di diverso genere, gli accessi di collera, ecc. e anche l'esperienza del lutto, che hanno riguardato soprattutto 49 richieste di consultazione (8,1%) (capitoli 9 e 10).

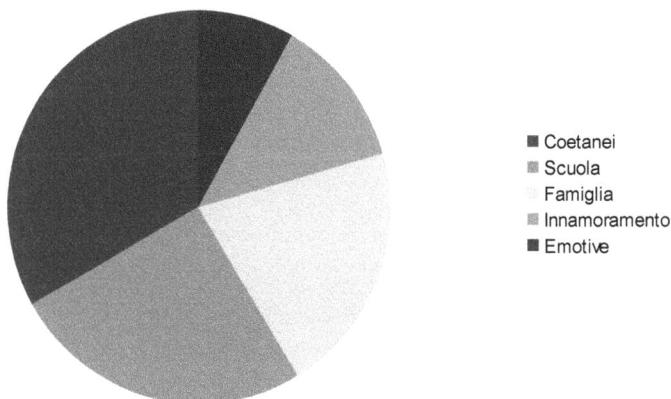

■ Coetanei
■ Scuola
　 Famiglia
■ Innamoramento
■ Emotive

Come anticipato, per rendere questa esposizione più interessante, ho selezionato per ogni motivazione alcuni bigliettini che i ragazzi mi scrivono quando richiedono un colloquio con me. I bigliettini selezionati provengono da tre scuole secondarie di primo grado e riguardano dodici anni scolastici; sono stati scelti in base ai contenuti espressi, cercando di individuare i più significativi per ogni argomento.

Per rispettare la privacy dei ragazzi, ho eliminato i biglietti più lunghi, dettagliati e recenti e ho ovviamente omesso tutti i nomi, le date e le sezioni delle classi. D'altra parte, per mantenerne il valore scientifico, i biglietti selezionati sono stati trascritti nella loro integrità e veridicità (errori ortografici compresi).

Inoltre, in ogni capitolo ho ordinato i biglietti a seconda della classe (quelli in cui la classe non è stata indicata sono stati inseriti alla fine) e per rendere più scorrevole la lettura, ho sostituito tutti i nomi femminili con "Patty" e "Molly" e quelli maschili con "Jimmy" e "Tippy".

# 3. L'AMICIZIA IN PREADOLESCENZA

*"Ho un "problema" con un mio "amico": tra noi sta nascendo un odio e io non voglio"*
(ragazzo, classe I)

## Il migliore amico come compagno di viaggio: "chi si somiglia si piglia"

Come accennato nel capitolo "Qualche statistica", l'amicizia è uno dei motivi più frequenti di richiesta di consultazione in preadolescenza. Non a caso, questa è un'età particolarmente difficile e delicata ed i ragazzi possono sentirsi soli e smarriti. Per questo motivo, è fondamentale l'amicizia con i "compagni di viaggio", vale a dire con i coetanei che condividono i medesimi compiti evolutivi. In particolare, ho notato che, nell'eterogeneità preadolescenziale, vengono scelti come amici i coetanei più simili dal punto di vista evolutivo: i preadolescenti più infantili stanno con i compagni più infantili, quelli più adolescenziali frequentano amici più adolescenziali.

Inoltre, ho riscontrato un'importante differenza tra generi in classe prima. Per le femmine, la ricerca della **migliore amica** diviene fondamentale ed è determinante per il loro benessere psicologico. In particolare, tale ricerca sembra assumere le sembianze e preludere i veri e propri rituali di corteggiamento che avverranno un po' più tardi in amore. Infatti, le espressioni che le ragazze utilizzano sembrano alludere a relazioni sentimentali più che amicali: "Le ho chiesto di diventare la mia migliore amica e lei ha accettato", "Le ho regalato un ciondolo con metà cuore", "Non mi sento più la sua migliore amica ma non riesco a dirglielo perché ho paura di ferirla", ecc.

In effetti, quello con la migliore amica è un legame molto stretto ed esclusivo: si può avere solo una migliore amica, lo si deve dichiarare anche pubblicamente ed il rapporto dell'amica del cuore con altre amiche suscita spesso forti reazioni di gelosia.

Ancora una volta, possiamo rintracciare motivazioni legate alla fase evolutiva anche alla base di questa tormentata ricerca. Prima di tutto, la migliore amica aiuta la preadolescente a distaccarsi gradualmente dalla famiglia per rivolgersi al mondo esterno: è il primo legame affettivo forte con un membro esterno alla famiglia. Inoltre, come anticipato, il rapporto con l'amica del cuore precorre quello con il fidanzato/a, di conseguenza, esso può essere visto come una fondamentale "palestra" di esperienze relazionali ed emotive che prepara alla relazione di coppia. Con la migliore amica si apprende ad avere un dialogo intimo, profondo, a confidarsi, a condividere i primi segreti. D'altra parte, si apprendono nuovi valori quali la sincerità, la fiducia, la capacità di mantenere i segreti, ecc. In questo apprendimento, spesso le ragazze faticano a vivere l'amicizia come un rapporto alla pari in cui non vi deve essere possesso: frequentemente le preadolescenti sviluppano con l'amica del cuore atteggiamenti possessivi, controllanti e soffocanti che spesso portano alla fine dell'amicizia, suscitando una grande sofferenza. Penso che tali atteggiamenti possessivi nascano, inconsciamente, dalla paura di separarsi psicologicamente dai genitori e dal mondo dell'infanzia: si sviluppa una sorta di dipendenza affettiva dall'amica, vissuta come sostituto dei genitori e con la quale si tenderebbe ad instaurare un rapporto di tipo simbiotico che, come tale, non è però funzionale. In altre parole, visto che la preadolescente non si sente più così in simbiosi con i propri genitori perché sta crescendo, reagisce al disorientamento ed al senso di solitudine aggrappandosi troppo alla migliore amica, con il terrore di perderla. Ovviamente, quest'ultima si sente controllata e soffocata e può arrivare a distaccarsi, se non a chiudere l'amicizia. Effettivamente, spesso questo atteggiamento porta proprio a perdere l'amica del cuore, con un conseguente aumento del disorientamento e della sofferenza: <u>l'eccessiva paura di perdere qualcuno porta a perderlo davvero.</u>

Per quanto riguarda i maschi, la ricerca del migliore amico appare generalmente meno tormentata ed è spesso diluita dalla presenza di un gruppo esteso di amici. Non è facile dare una spiegazione a questa differenza tra generi. Le ricerche mostrano che, in generale, i ragazzi tendono ad esprimere meno le proprie emozioni e sentono un bisogno minore di confidarsi e di condividere il proprio mondo interno con qualcuno. Questo potrebbe essere uno dei motivi per i quali la ricerca del migliore amico non è così fondamentale per i maschi.

In generale, posso dire che i **litigi tra amici** o tra migliori amici, se non risolti, suscitano molta sofferenza e grandi preoccupazioni tra i preadolescenti, a tal punto che il loro umore e le loro capacità di concentrazione possono esserne influenzati. Di conseguenza, è molto importante che tali diverbi possano essere chiariti e superati: lo psicologo in questo può essere un prezioso aiuto poiché è una figura super partes che può mostrare ai ragazzi dei modi costruttivi di dialogo. Per questo è utile che allo Sportello possano accedere insieme anche coppie di amici/amiche o piccoli gruppi di amici.

Inoltre, il **sentirsi esclusi** dagli amici o dai compagni è un altro motivo di grande sofferenza poiché i preadolescenti hanno un forte bisogno di appartenere ad un gruppo di simili con cui potersi identificare e condividere preoccupazioni, desideri, attività, ecc.

Infine, soprattutto tra i ragazzi più grandi, ho talvolta riscontrato una sincera **preoccupazione nei confronti di amici** o compagni, motivo per cui richiedono un colloquio. Tali preoccupazioni possono nascere, ad esempio, dall'aver saputo che la compagna/o in questione pratica l'autolesionismo (self-cutting) oppure ha dei comportamenti alimentari particolari (mangia troppo poco, vomita, ecc.) oppure, ancora, che tale coetaneo/a viene escluso dal gruppo perché non socializza, se ne sta in disparte. Penso che tali preoccupazioni nascano sia da motivazioni altruistiche sia da una forte identificazione con la persona in questione: i preadolescenti possono rimanere così colpiti dagli atteggiamenti preoccupanti dei loro coetanei da prendersi eccessivamente carico dei loro problemi. Dico "eccessivamente" perché è importante che lo psicologo – soprattutto nelle situazioni gravi come l'autolesionismo o i disturbi alimentari – spieghi loro che non sono nelle condizioni di poter aiutare i loro coetanei e che è fondamentale parlare di questo problema (che spesso è un segreto) con degli adulti di riferimento i quali devono occuparsene.

In generale, a "Sportello" aiuto i ragazzi "sofferenti di amicizia" ad esternare con me i loro vissuti e a trovare dei modi più funzionali di vivere queste fondamentali relazioni.

Agli adulti consiglio di non sottovalutare l'importanza che ha l'amicizia in questa fase di vita, di non assumere mai atteggiamenti di rimprovero e di non minimizzare le loro sofferenze legate a questo ambito. Molto più utile, come sempre, è offrire un ascolto empatico, non giudicante, fornendo magari degli esempi personali di esperienze di amicizia.

Ecco le preoccupazioni espresse da alcune ragazze e ragazzi riguardanti l'amicizia:


## La migliore amica (o il migliore amico)

*"Io ho un problema, la mia "amica" si comporta male con me era la mia amica migliore e adesso no, dalla 5° ha incominciato a comportarsi in modo strano e alle medie peggio, non mi da mai retta".*
(ragazza, classe I)

*"Salve volevo parlarle di un litigio tra me e la mia migliore amica non so che cosa fare. Grazie. Arrivederci."*
(ragazza, classe I)

---

*"Salve, quest'anno non sono venuta molte volte ma volevo aspettare la volta buona. Volevo parlare con lei perché l'anno scorso ho litigato con la mia ex migliore amica...ci stiamo riavvicinando ma non so come farla tornare la mia migliore amica, io ci tengo molto a lei e alla nostra amicizia e non la voglio perdere. Ho pensato che magari lei mi poteva aiutare".*
(stessa ragazza, classe II)

---

*"Cara Alessandra,*
*ho risolto il problema del ragazzo ma non quello della migliore amica.*
*Aiutami!"*
(ragazza, classe I)

---

*"Volevo andare a scuola a ......con la mia amica".*
(ragazza, classe I)

---

*"Cara Alessandra,*
*siamo Molly e Patty non siamo più amiche come una volta ci puoi aiutare stiamo soffrendo tra di noi.*

48

*Aiutaci.*
*Saluti al più presto!"*
(due ragazze, classe I)

---

*"MOTIVO: mi hanno diviso dalla mia migliore amica"*
(ragazza, classe I)

---

*"Ho un problema con la mia migliore amica. Spero che mi chiami"*
(ragazza, classe I)

---

*"c'è un mio compagno di classe che vorrei che diventasse il mio migliore amico ma non so se lui vuole*
*come faccio?*
*Grazie"*
(ragazza, classe I)

---

*"Ciao Ale sono Molly classe II oggi è il 04/02/20.. e vorrei parlarti di una persona speciale che si chiama Jimmy lui in verità è il mio migliore amico...però a me piace e non so come dirglielo...io e lui ci vogliamo molto bene solo che poi se io glielo dico ho paura di rovinare la nostra amicizia...e non voglio che succeda...please mi potresti aiutare?Please by Molly"*
(ragazza, classe II)

*"problemi con la mia "migliore amica"*
*p.s= e anche con un'altra compagna :(*
(ragazza, classe III).

---

*"Amicizia: esclusa dalla mia migliore amica.*
*Scuola: problemi in matematica e tecnica (studio)"*
(ragazza, classe III).


## Litigi tra amici e/o amiche ed esclusione dal gruppo

*"Io ho una compagna che andavo d'accordo ma adesso non so cosa è successo e non sono più suo amico".*
(ragazzo, classe I)

---

*"Cara signora Bernasconi sono Patty della classe I. Sono spaventata perché sto perdendo un'amica a me molto cara...spero di parlarle presto*
*sinceri saluti"*
(ragazza, classe I)

---

*"Cara dottoressa vorrei parlare di un problema che ho con un mio amico*
*Grazie"*
(ragazzo, classe I)

*"x psicologa*
*vorrei parlare con lei di amicizia e anche di famiglia"*
(ragazza, classe I)

---

*"Problemi di amicizia gravi"*
(cinque ragazze, classe I)

---

*"Ho detto una bugia a due amiche e non so come risolverlo. Mi aiuti per favore"*
(ragazza, classe I)

---

*"Motivo: litigio con 4 amici per cose che loro potevano fare e io no"*
(ragazza, classe I)

---

*"Ciao, il mio problema che la Molly un po' di volte quando parlo con lei mi ignora oppure mi dice perché sono qui. Non mi lascia mai parlare con qualcuno mi sgrida.*
*Grazie"*
(ragazza, classe I)

---

*"Sono arrabbiata con una amica (un ragazzo)"*
(ragazza, classe I)

*"Va tutto bene con l'inglese, se è possibile dovrei parlare delle mie amiche"*
(ragazza, classe I)

---

*"Sono Patty sono in prima ho bisogno di te perché ho litigato con la mia amica e vorrei chiarire"*
(ragazza, classe I)

---

*"Non so cosa fare con un' "amica""*
(ragazza, classe I)

---

*"Gentile psicologa vorrei parlare di problemi con gli amici e per la scuola. Grazie a presto!!"*
(ragazza, classe I)

---

*"Il problema è antipatie e amicizie"*
(ragazza, classe I)

---

*"Perché ho una amica che si crede chissà chi e mi tratta male e mi picchia"*
(ragazza, classe I)

*"Cara psicologa,*
*ho un problema la mia amica mi tratta male sarà xchè*
*sono marocchina! Oppure non gli sono simpatica, che*
*cosa devo fare?*
*Saluti*
*Ho un'altro problema la mia amica ha detto a chi mi piace*
*che mi piace*
*Cosa devo fare?"*
(ragazza, classe I)

---

*"Ho dei problemi con delle mie amiche"*
*(ragazza, classe II)*

---

*"Motivo: ho dei problemi con una mia amica perché fa la*
*"stupida" con il mio ragazzo e vorrei risolverli"*
(ragazza, classe II)

---

*"Angosce per problemi di amicizie"*
(ragazza, classe II)

---

*"Parlare tra un litigio fra 2 persone (amici) io e Jimmy"*
(ragazzo, classe II)

*"Ciao Alessandra, io sono una alunna di classe II, mi sono rivolta a te perché ho un problema con una mia amica che si crede di essere chi sa chi e mi continua a minacciarmi. Tutti mi dicono che io sono più forte di lei, e che non devo avere paura...ma io ho ugualmente paura...spero che tu mi possa aiutare al più presto!!! Grazie mille...*
*p.s.: so che per te è un problema banale, ma io ti chiedo di aiutarmi al più presto possibile.*
*Ciao"*
(ragazza, classe II)

---

*"Ho bisogno di aiuto ho un'amica che continua a stare attaccata a due mie amiche. Non la sopporto più! Aiutami! p.s. Lei non è mia amica è urgente!"*
(ragazza, classe II)

---

*"Ciao, io e un mio compagno di classe vorremmo venire per problemi d'amicizia"*
(ragazza, classe II)

---

*"Ho dei problemi con la Patty perché non riesco a fare amicizia, perché ci rimpecchiamo a vicenda le quali molte volte inizia lei anche se io non voglio"*
(ragazzo, classe non specificata)
*"Io mi sento in difficoltà con Jimmy perché ha un carattere particolare che mi mette in difficoltà"*

(ragazzo, classe non specificata)

---

*"Molly, perché mi esclude sempre e all'inizio dell'anno era molto più simpatica con me"*
(ragazza, classe non specificata)
*"Alessandra sono sempre io Patty il suo suggerimento lo ho seguito ma non è successo niente ma loro mi escludono lo stesso come e cosa posso fare?"*
(ragazza, classe non specificata)

## Preoccupazioni per i coetanei

*"Salve...*
*volevo parlarle a causa della mia migliore amica che a causa dei genitori è diventata autolesionista e si taglia i polsi...*
*io ed un altra ragazza non sappiamo come farla smettere...*
*la prego di aiutarmi..."*
(ragazzo, classe II)

---

*"C'è una nostra amica con problemi e vorremmo sapere come aiutarla. Grazie."*
(due ragazze, classe III)

# 5. IL FENOMENO DELLE "PRESE IN GIRO"

*"i miei compagni mi prendono in giro e gli altri
danno a me il torto. Cosa fare?"*
(ragazzo, classe I)

*"Lettera per psicologa a causa di problemi in
amicizia coi compagni (problemi in "bullismo"
volontario) in classe I. Attendo risposta".*
(ragazzo, classe I)

## Prese in giro o bullismo?

Le prese in giro sono uno dei motivi più frequenti di
consultazione allo "Sportello d'ascolto" presso la scuola
secondaria di primo grado, soprattutto in classe prima. Per
questo motivo, mi sono sin da subito interrogata sulle
motivazioni alla base di tale atteggiamento. Penso che
entro certi limiti le prese in giro siano una modalità diffusa
e comune attraverso cui i bambini e ancor più i ragazzi di
prima media cercano di esprimere il desiderio di
appartenenza al gruppo dei coetanei. È così che qualsiasi
elemento di diversità (da quelli più banali a quelli più
eclatanti) è in grado di determinare curiosità e paura allo

stesso tempo, paura di essere diversi, appunto. È per questo che la diversità dell'altro viene notata e rimarcata attraverso la presa in giro.

Inoltre, non dobbiamo dimenticare che il compito principale del preadolescente è quello di abbandonare gradualmente il mondo dell'infanzia per crescere. In questo "viaggio", si verifica, come detto, un'eterogeneità evolutiva: c'è chi si sviluppa e cresce prima, c'è chi lo farà in seguito. Di conseguenza, chi è già maggiormente proiettato verso il mondo adolescenziale potrà "attaccare" quei coetanei che presentano ancora atteggiamenti prevalentemente infantili perché rievocano e rappresentano quella fase da cui vorrebbero prendere le distanze: "Io che voglio diventare grande, rifiuto tutti gli interessi e gli atteggiamenti infantili e prendo in giro te che mostri ancora questa predilezione verso l'infanzia proprio perché io ho bisogno di attaccare quel mondo per potermene distanziare". Ovviamente, i preadolescenti più infantili non comprendono e rifiutano gli atteggiamenti più adolescenziali dei coetanei.

Penso che il confine tra le prese in giro come gioco per avvicinarsi all'altro diverso da sé (pensiamo a quelle tra maschi e femmine) e come vero e proprio atto di bullismo dipenda non soltanto dal contenuto e dalla frequenza, ma anche dalla reazione della vittima. Il bullismo si verifica nel momento in cui la presa in giro ha conseguenze negative sulla vittima (quali tristezza, paura, rifiuto della scuola, ma anche, nei casi più gravi, depressione, somatizzazioni, ansia, ecc.) poiché, da una parte, il bullo, scarsamente empatico, non è dissuaso nel suo atteggiamento dalla percezione dell'altrui sofferenza e, dall'altra, la vittima non riesce a trovare dei mezzi per proteggersi. Non a caso, il bullismo colpisce spesso i ragazzi che non si sanno difendere nel modo adeguato.

Da tutto ciò consegue che sia il bullo sia la vittima sono spesso accomunati dalla fragilità: il bullo esprime la sua fragilità, il suo senso di inadeguatezza, la sua bassa autostima proiettandoli sull'altro attraverso atteggiamenti aggressivi, tra cui le prese in giro (ad esempio: "visto che temo di essere brutto, prendo di mira i tuoi difetti fisici"). La vittima, per contro, a volte vive le prese in giro come delle insopportabili mortificazioni narcisistiche che non le permettono di reagire nel modo adeguato. In particolare, a questa età le prese in giro vengono prese sul serio: "se il mio compagno dice che sono stupido, allora è vero!". Questo perché i ragazzi non hanno ancora costruito un'immagine di se stessi e utilizzano, quindi, gli altri come "specchi". Loro non sanno ancora come sono né fisicamente né psicologicamente, quindi cercano delle definizioni di loro stessi nei coetanei. Nei coetanei e non negli adulti: in questa fase, il parere dei pari inizia ad assumere maggiore valore rispetto alle opinioni dei genitori.

Di conseguenza, è ovvio che a richiedere la consultazione sono le vittime delle prese in giro e non gli artefici. Il mio compito con loro è duplice: aiutarli, da una parte, a riflettere sulle loro reazioni emotive e comportamentali alle prese in giro e, dall'altra, a trovare insieme dei modi più adeguati di reagire ad esse, comprendendo anche i motivi che possono spingere i coetanei a schernirli.

Se, al contrario, ci troviamo di fronte ad un caso di vero e proprio bullismo, l'intervento è molto più complesso e deve coinvolgere anche gli atri operatori scolastici: insegnanti, dirigenza, genitori e, se occorre, l'intero gruppo-classe.
Ecco il disagio derivante dalle prese in giro espresso direttamente dai ragazzi:

*"Salve,*
*io sono disperato...*
*Il Tippy continua a perseguitarmi...mi ha anche aggredito fisicamente oltre che verbalmente...io non so perché continua...io non lo "guardo" neanche...non lo considero...mentre lui continua e non mi vuole dire cosa ha contro di me...ho chiesto gentilmente ai miei amici di provare a chiederlo...ma lui è muto come un pesce...non si può andare avanti in eterno...mi aiuti! Per favore! Grazie in anticipo".*
(ragazzo, classe I)

---

*"Ciao io ho un problema i miei amici mi prendono ogni giorno in giro perché ho la dislesia non so cosa fare con loro agliutami.*
*Grazie"*
(ragazza, classe I)

*"Cara psicologa*
*ho bisogno di parlare con lei perché ci sono 2 compagni in*
*mezzo a me che mi danno fastidio, non fastidio nel senso*
*che parlano ma in un altro modo.*
*Ciaoo!!"*
(ragazza, classe I)

---

&#8624; *"ho paura che gli altri mi prendono in giro per il mio*
    *aspetto.*
&#8624; *Ho paura di fare un intervento alla gamba.*
    *Chiamami subito. Ti prego"*
(ragazza, classe I)

---

*"perché mi prendono in giro per la mia malattia"*
(ragazza, classe I)

---

*"problema sulla scuola perché sono preso in giro dai più*
*grandi"*
(ragazzo, classe I)

---

*"Dalla disperata*
*HO UN PROBLEMA:*
*le mie compagne non mi considerano simpatica e mi*
*escludono...cosa devo fare?"*
(ragazza, classe I)

*"ho litigato con 1 mio compagno di classe perché mi prende in giro"*
(ragazza, classe I)

---

*"vorrei venire da lei per una presa in giro"*
(ragazza, classe I)

---

*"per favore mi agliuti perché io ho una compagna che mi tratta male"*
(ragazza, classe I)

---

*"motivo: i compagni mi prendono in giro e questo mi fa essere triste"*
(ragazzo, classe I)

---

*"ho un problema familiare che su carta non riesco a spiegare e della mia classe su violenze contro altri bambini e prese in giro.*
*Attendo risposta"*
(ragazza, classe I)

*"Io ho questo problema questo problema è che tutti mi prendono in giro perché amo una persona"*
(ragazza, classe I)

---

*"persona che mi insulta, mi fa sentire molto male"*
(ragazza, classe I)

---

*"prese in giro dai compagni"*
(ragazzo, classe I)

---

*"essere picchiato"*
(ragazzo, classe I)

---

*"bullismo"*
(ragazzo, classe II)

---

*"Vorrei parlarle per le prese in giro nei miei confronti"*
(ragazza, classe III)

# 6. IL PREADOLESCENTE E LA SCUOLA

*"Ia prego mi parli mia mamma mi uccide ogni volta che prendo
1-2-3-4-5-(6)"*
(ragazzo, classe I)

*"Problemi di classe, se possibile venire tutte insieme. Grazie!"*
(quattro ragazze, classe I)

## Compiti evolutivi vs compiti scolastici

Come premesso nel capitolo "Qualche statistica", molti preadolescenti fanno richiesta di consulenza spinti da preoccupazioni di tipo scolastico (il 25,4%). In questa fase, i voti ed il rendimento scolastico sembrano essere molto legati alla relazione con i genitori, in particolare al desiderio di farli felici. Spesso i ragazzi sembrano studiare più per i propri genitori che per loro stessi ed i bei voti sembrano essere dei regali offerti a loro. Questo atteggiamento sembra non dipendere soltanto dalle aspettative e dalle richieste genitoriali, ma anche dalla permanenza di istanze di tipo più infantile. D'altra parte, in questa fase studiare e concentrarsi diviene più difficile perché il preadolescente è alle prese con altri "compiti" di tipo evolutivo e non scolastico. Mi riferisco, in particolare, all'elaborazione dello sviluppo puberale, alla separazione psicologica dai genitori, all'ingresso nel gruppo dei pari ed ai primi innamoramenti. I compiti evolutivi occupano e preoccupano così tanto la mente del ragazzo che concentrarsi sullo studio può diventare davvero difficile, con una conseguente ripercussione negativa sul rendimento. Direi, quindi, che un calo del rendimento scolastico in preadolescenza rispetto alla scuola primaria è del tutto fisiologico e deriva non solo dall'aumento delle richieste della scuola secondaria, ma anche dall'interferenza dei compiti evolutivi. Infatti, ad esempio, i **"blocchi"** soprattutto durante le interrogazioni sono abbastanza frequenti in questa fase. D'altra parte, un eccessivo ed <u>esclusivo</u> investimento sul rendimento scolastico può essere un modo, difensivo, per evitare di fare i conti con i compiti di tipo evolutivo. Infatti, alcuni preadolescenti alla mia domanda: "Sei innamorato/a?" prontamente rispondono: "No, preferisco concentrarmi sullo studio". Per evitare blocchi di tipo evolutivo a favore di rendimenti scolastici eccellenti, sarebbe importante diffondere una cultura di tipo affettivo in cui i compiti evolutivi assumono la medesima importanza di quelli scolastici: i ragazzi che sacrificano il mondo degli affetti per lo studio rischiano di andare incontro, in fasi successive, a ritardi se non a blocchi nel loro percorso evolutivo. D'altra parte, quelli che abbandonano del tutto i compiti scolastici per dedicarsi in toto a quelli evolutivi rischiano di perdersi e di confondersi. Quindi, buona regola degli adulti coinvolti è evidenziare l'importanza dei doveri scolastici, cercando di evitare, però, che questi prendano il sopravvento o, peggio, blocchino quelli di tipo evolutivo che sono ancora più importanti per uno sviluppo psicologico sereno.

Inoltre, il passaggio alla scuola secondaria è sempre delicato e complesso perché sembra sancire il passaggio dall'infanzia alla preadolescenza con un aumento del carico di doveri scolastici. Soprattutto durante i primi mesi della prima, i ragazzi sono spesso preoccupati di non riuscire più a conciliare i compiti con le attività ludico/ricreative a cui si erano sempre dedicati ai tempi della scuola primaria. L'idea erronea dettata dal disorientamento dei primi mesi di non poter più giocare o divertirsi suscita in loro molto disagio. Fondamentale in questa fase è l'acquisizione di un buon **metodo di studio** che permetta loro di alternare il momento dei compiti ad altre attività. Oltre a ciò, soprattutto tra i maschi dalla prima alla terza, si può verificare un **disagio a livello comportamentale**, che si esprime con iperattività, disattenzione, difficoltà di autocontrollo e di rispetto delle regole. Anche questo (escludendo disturbi quali l'ADHD) potrebbe essere dovuto ai numerosi cambiamenti puberali che possono comportare una maggiore fatica a concentrarsi e a controllare la propria spinta verso il movimento corporeo.

Anche la **dislessia** diventa un motivo abbastanza frequente di consultazione: i ragazzi di questa età, rispetto ai bimbi delle elementari, sono maggiormente consapevoli delle proprie difficoltà di apprendimento e a volte manifestano un atteggiamento attivo, propositivo nei loro confronti, mostrando il desiderio di migliorare la loro situazione scolastica. D'altra parte, l'idea di essere diversi dai normolettori può amplificare, in questa fase, le preoccupazioni legate all'accettazione del gruppo dei pari ed il timore di essere sbagliati.

Altro motivo di consultazione abbastanza frequente è il **rapporto con i professori**. In particolare, alcuni alunni che ricevono numerosi rimproveri dai docenti possono sviluppare dei pensieri persecutori nei loro confronti, convincendosi che "il professore ce l'abbia con loro": spesso i ragazzi di questa età mal sopportano l'atteggiamento distante e severo di alcuni insegnanti e lo vivono come segnale di antipatia nei loro confronti. Questo avviene probabilmente perché alcuni preadolescenti si vedono ancora piccoli, infantili e non comprendono i modi formali di alcuni professori, aspettandosi ancora modalità più accoglienti e materne da parte loro. Inoltre, non sono ancora in grado di cogliere le caratteristiche peculiari di ogni adulto: "se il professore di matematica mi sgrida, è perché gli sto antipatico", non perché è il suo carattere, il suo stile, ecc. Questo atteggiamento deriva dal pensiero egocentrico infantile e a volte lo riscontro anche negli alunni più grandi delle superiori.

Accenno, inoltre, ai **rapporti** tormentati **tra compagni di classe** che spesso non coincidono con le relazioni amicali perché, come descritto precedentemente, in una stessa classe possono coesistere preadolescenti molto diversi tra loro e chi si trova più avanti nello sviluppo evolutivo tende ad escludere i compagni più infantili, suscitando in loro del disagio. I rapporti tra compagni di classe sono importanti e vanno curati sin dai primi giorni del primo anno da parte

68

dei docenti. Un buon clima di classe favorisce, infatti, l'apprendimento e anche l'attività di insegnamento. Il messaggio fondamentale che va trasmesso ai ragazzi è che essere compagni di classe non vuol dire, necessariamente, essere amici e che, nonostante ciò, si possono avere rapporti civili e rispettosi con tutti. Attività in circle time e brainstorming sul significato di amicizia, empatia, rispetto, emozioni, crescita, ecc. possono essere molto utili per favorire un buon clima di classe e magri prevenire esclusioni e atti di bullismo. Fondamentale è trasmettere agli alunni l'idea che andare d'accordo con tutti conviene a tutti.

Inoltre, i ragazzi di terza spesso chiedono un appuntamento per essere aiutati nella **scelta della scuola superiore** e/o per essere sostenuti a gestire l'ansia da esame di stato. Le scuole secondarie di primo grado (o per brevità o nostalgia: scuole medie) durano solo tre anni, quindi, poco dopo essersi adattati alla nuova realtà, i ragazzi si ritrovano a doversi preparare ad un altro grande cambiamento: il passaggio alle superiori, che può essere visto anche come il passaggio dalla preadolescenza all'adolescenza. Anche in questa fase richiedono aiuto e sostegno sia nella fase precedente (terza media) che in quella immediatamente successiva (prima superiore). La fase intermedia che grossolanamente possiamo identificare con la classe seconda media può essere vissuta in un modo più sereno ed adattivo: i ragazzi si sono abituati alla scuola media, ai compiti, ai professori, ai cambiamenti puberali, ecc. e le scuole superiori sono ancora lontane, possono, insomma, "tirare il fiato" per un breve momento.

Per finire, occorre ricordare in questa sede che lo sviluppo puberale innesca dei cambiamenti non solo a livello affettivo ma anche a livello logico: il pensiero del preadolescente inizia a divenire astratto, abbandonando la concretezza propria del pensiero infantile. Questo significa che le potenzialità legate all'immaginare, al fare ipotesi, all'utilizzo di simboli, ecc. si sviluppano molto rapidamente in questa fase. Quindi, la mente del preadolescente inizia a trasformarsi ma tale cambiamento richiede tempo e adattamento: inoltre, egli riuscirà a sfruttare meglio queste potenzialità solo quando sarà un poco uscito dal "marasma" puberale. Anche questo cambiamento può spiegare fenomeni quali il calo del rendimento scolastico o il blocco nelle interrogazioni: i ragazzi hanno bisogno di tempo per iniziare ad utilizzare bene i nuovi strumenti logici che lo sviluppo cognitivo mette a loro disposizione.

## I voti e il blocco nelle interrogazioni

*"Io mi blocco nelle interrogazioni"*
(ragazzo, classe I)

---

*"ho un problema: io studio ma quando mi interrogano mi viene un blocco. Riesco solo a dire qualche parola e*

*quindi le professoresse pensano che io non studio ma io studio.*
*Mi può aiutare a superare il mio blocco?"*
(ragazza, classe I)

---

*"Ciao sono Molly di I ho un problema con Geografia quando sono a casa la so benissimo e quando sono a scuola non mi ricordo niente aiutami per favore a trovare una soluzione grazie se mi chiami"*
(ragazza, classe I)

---

*"Devo parlare con lei per capire perché non vado bene a scuola perché non ricordo le cose"*
(ragazza, classe II)

---

*"Non riesco a parlare con i compagni ad alta voce"*
(ragazza, classe I)

---

*"Studio ma mi blocco davanti ai professori e alle verifiche. Grazie."*
(ragazza, classe III)

*"le vorrei parlare perché ho un problema, nel senso che durante le interrogazioni mi blocco e non parlo anche se le cose le so! Grazie"*
(ragazza, classe III)

---

*"vorrei parlarle delle mie difficoltà ad esporre la lezione".*
(ragazzo, classe III)

## Adattamento e metodo di studio

*"Adattamento"*
*(*ragazza, classe I)

---

*"vorrei essere aiutato un po' nello studio, perché alcune cose non le capisco"*
(ragazzo, classe I)

---

*"io ho un problema con il metodo di studio e non riesco ad organizzarmi bene con i compiti!"*
(ragazza, classe I)

*"non riesco a studiare prendo voti bassi mi può dare un consiglio e o pure un problema con la famiglia"*
(ragazza, classe I)

---

*"Mi serve una mano per lo studio"*
(ragazzo, classe I)

---

*"Ho un problema in matematica e devo risolverlo subito"*
(ragazza, classe I).

---

*"Metodo di studio"*
(ragazzo, classe I)

---

*"Problemi con una materia"*
(ragazza, classe I)

---

*"Problemi per lo studio ma anche economici. Urgente!!!"*
(ragazzo, classe II).

---

*"Jimmy problemi matematica e Tippy lo stesso"*
(due ragazzi, classe II)

## Difficoltà di comportamento in classe

*"vorrei venire a parlare con lei perché non riesco a stare in classe"*
(ragazzo, classe I)

---

*"io ho un problema che non riesco a comportarmi bene e non riesco a stare in silenzio."*
(ragazzo, classe I)

---

*"Dotoressa ho un problema con dei miei compagni mi distraono ha volte e questo mi da fastidio.*
*Questo e un altro problema mi piace una ragazza ma piace anche ad un mio amico e non so cosa fare".*
(ragazzo, classe I)

---

*"Ciao Alessandra, siamo 3 ragazzi di II e vorremmo chiederti se ci potresti dare un consiglio, perché noi 3 non stiamo mai attenti!!! le prof. ci richiamano ma noi non le ascoltiamo!! Grazie per la tua attenzione"*
(una ragazza e due ragazzi, classe II)

# La dislessia

*"Ciao, sono Patty*
*vorrei rifare i test per la dislessia perché penso di essere*
*peggiorata.*
*Grazie"*
(ragazza, classe I)

---

*"Divorzio – amore – dislessia"*
(ragazza, classe I)

---

*"DSA"*
(ragazza, classe I)

---

*"non so leggere molto bene"*
(ragazzo, classe I)

---

*"Dislessia"*
(ragazzo, classe I).

---

*"Dislessia e amore"*
(ragazzo, classe I)

## Problemi con i prof.

*"Una prof mi ha dato una nota xche non ho fatto un compito che invece ho fatto e gli elo fatto vedere ma dopo due giorni me lo richiede e io non ce l'avevo*
*vorrei un consiglio"*
(ragazzo, classe I)

---

*"Ciao! Alessandra sono Molly. Scusa ma non per farti spaventare, ma...*
*la prof. Y mi ha sgridato per niente, solo perché io ho chiesto la pagina e cosa bisogna fare. E poi due mie compagne stavano parlando e la prof non ha detto niente. Vedi la prof. ce l'ha solo con me. E non dire che non è vero."*
(ragazza, classe I)

---

*"Ho un problema con una prof."*
(ragazza, classe I)

---

*"Professore"*
(ragazzo, classe I)

*"Vorrei venire da lei perché sto inizziando a non riuscire a controllarmi con le prof quando fanno qualcosa di ingiusto verso di me."*
(ragazzo, classe II)

---

*"Tensione tra me e conoscenti e prof"*
(ragazza, classe III)

## Incomprensioni con i compagni

*"Gentile psicologa,*
*ci servirebbe molto un colloquio con lei. Abbiamo molti problemi con una nostra compagna Patty, noi siamo le uniche che stanno con lei, ma abbiamo dei problemi...un po' "problematici" anche su cose parecchio intime.*
*La ringraziamo."*
(tre ragazze, classe I)

---

*"Cara psicologa,*
*siamo Molly e Patty*
*Si ricorda di noi? l'anno scorso abbiamo passato più di 40 min. a parlare con lei in una volta.*
*Avremmo urgentemente bisogno di parlare con lei, il più in fretta possibile.*
*La ringraziamo in anticipo*

*Cordiali Saluti"*
(le stesse ragazze in classe II)

---

*"problemi (di nuovo) con compagni/e di tutta la classe!*
*(urgente)"*
(ragazza, classe I)

---

*"Ciao! Dottoressa Bernasconi sono Molly e vorrei parlare*
*con lei perché ho dei problemi a scuola e in vacanza e mi*
*piacerebbe parlare con lei...*
*per piacere mi chiami!"*
(ragazza, classe I).

---

*"chiediamo sportello per un problema con un compagno"*
(due ragazze, classe I)

---

*"Ho bisogno di parlare con lei dei miei compagni"*
(ragazza, classe I)

---

*"Voglio parlare per i miei compagni di quest'anno e l'anno*
*scorso"*
(ragazza, classe I)

*"Incomprensioni con i compagni"*
(due ragazze, classe I)

---

*"Continui litigi con un compagno"*
(ragazzo, classe I)

---

*"Compagni/prof."*
(ragazzo, classe I)

---

*"Ciao Alessandra ti scrivo per dirti che ho un compagno un po' fastidioso si chiama Jimmy mi fa sempre i dispetti mi potresti dire cosa posso fare rispondimi via sms. Grazie"*
(ragazzo, classe I)

---

*"Litigi molto frequenti con compagna"*
(ragazza, classe I)

---

*"Alessandra io ho un piccolo problema ha scuola: io vengo esclusa da tutti i miei compagni e io non so il motivo"*
(ragazza, classe I)

---

*"Cara psicologa siamo tre ragazze della II e vorremmo parlare con lei di una nostra compagna: Molly. Ci chiami il più presto possibile"*

(tre ragazze, classe II)
*"Cara Alessandra,*
*siamo due ragazze di II: ti scriviamo perché un nostro*
*compagno si comporta male con noi e vorremmo chiederti*
*dei consigli su come comportarci.*
*Grazie e a presto!!!"*
(due ragazze, classe II)

---

*"Ciao, sono Patty di classe II*
*e vogliamo parlarle con un'altra compagna di classe II di*
*una cosa che è successa in questa scuola con una*
*compagna*
*CIAO"*
(ragazza, classe II)

---

*"Sono gelosa di 2 mie compagne non so cosa fare!"*
(ragazza, classe III)

---

*"Problemi con la classe"*
(tre ragazze, classe III)

## Orientamento e esame di III media

*"per scelta scuola superiore"*
(ragazzo, classe III)

*"Ciao!!! io sono Patty e vado in III. Io avrei bisogno di avere un consiglio sulle scuole superiori."*
(ragazza, classe III)

---

*"x la psicologa*
*è molto importante, riguarda soprattutto:*
*mia famiglia,*
*scuola*
*si avvicinano gli esami e io non so come affrontarli. Vorrei alcuni aiuti, quando ha tempo.*
*Grazie. Cordiali saluti"*
(ragazza, classe III)

---

*"ORIENTAMENTO"*
(ragazzo, classe III)

---

*"Aiuto nella scelta della scuola superiore, problemi famigliari e in genere.*
*p.s: potrebbe chiamarmi o alla 1- 2-4-6 ora?*
*Per favore!!!"*
(ragazza, classe III)

*"Percorso orientamento problemi con compagni"*
(ragazzo, classe III)

---

*"Vorrei parlare della scelta per l'anno prossimo per la scuola"*
(ragazza, classe III)

---

*"Ho problemi per la scelta della scuola superiore"*
(ragazzo, classe III)

# 7. LA FAMIGLIA IN PREADOLESCENZA

*"I miei genitori sono separati e io voglio che tornino insieme ma questo non è possibile, e poi non riesco a sopportare il fid. di mia mamma"*
*(ragazzo, classe II)*

## La separazione DAI genitori vs la separazione DEI genitori

Anche le preoccupazioni familiari portano spesso i preadolescenti a chiedere un appuntamento allo "Sportello d'ascolto" (il 20,8%). Esse riguardano soprattutto i conflitti con e tra i genitori, la separazione o divorzio dei genitori, il rapporto spesso conflittuale con i fratelli minori o maggiori ed i litigi che coinvolgono i genitori e altri parenti stretti.

Come afferma Gustavo Pietropolli Charmet (2000), uno dei compiti fondamentali in adolescenza è la *separazione psicologica* dai genitori. Questo processo è estremamente delicato e complesso, spesso conflittuale ed è al contempo conseguenza e promotore dei grandi cambiamenti che avvengono in questa fase. Si possono individuare dei segnali di questa separazione psicologica già in preadolescenza, anche se in questo momento tale spinta verso l'emancipazione è ancora molto embricata con desideri ed atteggiamenti di natura infantile. Anzi, possiamo affermare che il conflitto fondamentale del preadolescente è proprio tra il desiderio di crescere ed emanciparsi dai propri genitori e la paura di farlo; tale paura si manifesta spesso con atteggiamenti contrastanti, regressioni e, più raramente, in veri e propri blocchi. Proverò a spiegarmi meglio. Lo sviluppo puberale è un segnale inequivocabile, evidente ed innegabile che il bambino non esiste più: il corpo sta cambiando, sta acquisendo sempre più delle connotazioni di tipo sessuale. Il corpo sviluppa la capacità procreativa, comunica, parafrasando Charmet (2000), la propria complementarità con altri corpi. Tutto ciò scatena dei grandi cambiamenti anche a livello psicologico: il ragazzo deve piano piano elaborare che il proprio corpo sta cambiando, che la spinta sessuale si fa sempre più forte, che diviene capace di procreare...Posso affermare che tale processo di elaborazione mentale, di per sé complesso, rischia di divenire impossibile se i genitori, spaventati da tali cambiamenti, tendono più o meno inconsapevolmente a negarli o a scoraggiarli. Con questo voglio dire che lo sviluppo puberale è un dato di fatto: ora siamo di fronte ad un preadolescente con paure, bisogni, e desideri diversi da quelli della fase precedente. Quindi, i genitori dovrebbero provare ad adattarsi a tali cambiamenti anziché cercare in qualche modo di contrastarli (cosa tra l'altro impossibile!).

Il preadolescente, se tutto procede bene, inizia a smettere di idealizzare i propri genitori: comincia ad avere idee, bisogni diversi e non sempre apprezzati ed incoraggiati da loro. Inoltre, inizia ad interessarsi al mondo esterno alla famiglia: l'amicizia e le prime cotte divengono tematiche fondamentali. Se tutto procede bene, il preadolescente può e deve spostare il proprio focus attentivo da ciò che accade all'interno della famiglia verso l'esterno. Ed i genitori devono elaborare le loro paure ed i loro disagi legati a questi cambiamenti. Disagi che nascono proprio dal fatto che il bambino non esiste più e che loro figlio sta cambiando in un modo spesso imprevedibile. Frequentemente, l'angoscia dei genitori in questa fase è di tipo generativo: "sta cambiando, ho paura che diventerà un drogato/un delinquente/ una persona cattiva/ ecc.". Inoltre, il preadolescente, può iniziare ad avere qualche piccolo segreto che preferisce condividere con l'amico/amica del cuore piuttosto che con i propri genitori. Insomma, i genitori devono sopportare di non essere più al centro del mondo dei loro figli, di essere in qualche modo detronizzati dal migliore amico di turno e che gli struggimenti più profondi non vengono più rivolti a loro, ma alla persona di cui i loro figli si sono innamorati.

Non dobbiamo dimenticare, però, che la preadolescenza, rispetto all'adolescenza conclamata, è molto più vicina all'infanzia sia cronologicamente sia qualitativamente. Di conseguenza, nel preadolescente, accanto alle spinte verso l'emancipazione, spesso riscontriamo spinte contrarie verso la regressione al mondo infantile. Questo contrasto frequentemente suscita molta confusione nei genitori che non capiscono se hanno di fronte un bambino o un adolescente. Ad esempio, non raramente ricompare in questa fase il desiderio di tornare a dormire nel lettone con mamma e papà. Come interpretarlo? Solitamente, esso è espressione della paura di crescere. Cercando di leggere nella mente del preadolescente, possiamo trovare pensieri di questo tipo: "sto diventando grande, voglio crescere, ma ho una paura enorme, quindi mi sento più sicuro se dormo con la mamma ed il papà". Un'altra espressione di questo conflitto può essere la comparsa di atteggiamenti o attacchi aggressivi verso uno o entrambi i genitori, aspetto che verrà approfondito in seguito, nel paragrafo "altri problemi in famiglia".

## Altri problemi in famiglia

Come accennato sopra, in questa fase i preadolescenti possono iniziare ad entrare in conflitto con i propri genitori, proprio perché si stanno separando psicologicamente da loro. Di conseguenza, iniziano ad avere opinioni e idee diverse e a rifiutare le regole degli adulti. Inoltre, si può verificare un **aumento dell'aggressività nei confronti di uno o di entrambi i genitori**, con veri e propri attacchi di collera verso di loro. Questa rabbia nasconde spesso il desiderio di separarsi psicologicamente dal genitore aggredito, con tutte le difficoltà e paure in questo processo. In altre parole, il ragazzo attacca quel genitore da cui vorrebbe prendere le distanze proprio perché fatica a farlo. I genitori, a loro volta, possono reagire con disorientamento, sofferenza se non con altrettanta rabbia, fatto che, ovviamente, non fa che acuire il conflitto. Per questo motivo, in caso di episodi di aggressività intensi e ripetuti, i genitori dovrebbero chiedere aiuto psicologico con e per il figlio.

**I ragazzi soffrono anche quando i genitori litigano con altri parenti significativi.** Spesso si ritrovano coinvolti in conflitti molto profondi con persone a cui vogliono bene, nella penosa situazione di doversi schierare, ad esempio, smettendo di frequentare gli zii per non fare un torto ai genitori. In piccolo, questi conflitti riproducono quello che succede quando due genitori si separano: la famiglia non è più unita, gli adulti litigano ed i ragazzi si sentono spesso obbligati a partecipare a queste diatribe. In generale, i ragazzi non dovrebbero essere mai messi nella scomodissima posizione di doversi schierare con qualcuno, dovrebbero essere lasciati fuori dai conflitti tra adulti, non solo permettendo loro di continuare ad avere dei rapporti con tutti, ma anche scoraggiando eventuali loro tentativi di schierarsi con qualcuno. Questo atteggiamento maturo e responsabile da parte degli adulti offre loro un'utilissima lezione di vita: la libertà di fare scelte diverse da quelle degli altri, e poter in questo modo mantenere dei buoni rapporti con tutti.

Infine, **i preadolescenti iniziano a preoccuparsi e ad accorgersi dei problemi degli altri, dei propri genitori in primis.** Questo perché escono dall'egocentrismo propriamente infantile e, come descritto in precedenza, le loro capacità cognitive aumentano e si trasformano. D'altra parte, manifestano spesso il desiderio di poter risolvere, ad esempio, dei problemi di salute o economici degli adulti, come se fossero nelle condizioni di poterlo fare: questa fantasia salvifica si manifesta anche nei confronti del divorzio dei genitori e può per contro derivare dal pensiero onnipotente di tipo infantile. Insomma, il preadolescente inizia ad accorgersi dei problemi degli altri ma vorrebbe risolverli, come se fosse già adulto. È quindi fondamentale che gli adulti non alimentino tali fantasie salvifiche perché rischiano di "adultizzare" i figli: un preadolescente adultizzato tende a evitare tutti i compiti evolutivi propri della sua fase per fuggire precocemente in un mondo troppo adulto, privandosi così di alcune fondamentali esperienze affettive e di vita. In altri termini, per crescere troppo in fretta, non cresce davvero. In questi casi lo psicologo, come tutti gli altri adulti competenti, ha il compito di ridimensionare queste fantasie magiche, senza però minimizzare la portata della preoccupazione che il preadolescente sta esprimendo.

## Litigi con i genitori

*"Lontananza tra me e mia mamma"*
(ragazza, classe I)

---

*"ciao di nuovo. Scusa se sono 2 biglietti ma mi ero dimenticata di aggiungere questa cosa: cioè mi piacerebbe parlare con lei anche di qualcosa che succede a "casa" e del mio carattere che è cambiato moltissimo. Grazie per ascoltarmi*
*ciao! Ciao!"*

(ragazza, classe I)

---

*"Cara Alessandra, ho bisogno di parlare con lei perché ho un grande problema con mia MADRE perciò vorrei parlare il + fretta possibile con lei*
*GRAZIE*
*poi vorrei parlare dei miei problemi sentimentali*
*poi vorrei parlare di una cosa che non riesco nemmeno a spiegare a che al solo pensiero mi metto a piangere*
*ARRIVEDERCI!"*
(ragazza, classe non specificata)

---

*"Motivi: liti con genitori, stress e innamoramento"*
(ragazzo, classe I)

---

*"Io ho un urgentissimo problema di litigi familiari e litigi scolastici e genitori che non posso dire qualcosa che vengo preso in giro e anche a scuola"*
(ragazzo, classe I)

---

*"ho parecchi problemi di familia"*
(ragazza, classe I)

*"problemi in famiglia con il papà"*
(ragazzo, classe I)

---

*"ho un problema con la mia famiglia"*
(ragazza, classe I)

---

*"Avrei molto bisogno di parlare con lei. Non ho il coraggio di dire ai miei cosa provo davvero. I miei problemi sono tutti. Grazie"*
(ragazza, classe I)

---

"Problemi nella famiglia abbastanza gravi"
(ragazzo, classe I)

---

*"Problemi con genitori"*
(ragazzo, classe II)

## Litigi tra parenti e preoccupazioni familiari

*"problemi di famiglia tra zii e genitori è un po' anche io".*
(ragazza, classe I)

---

*"distanza dei nonni".*
(ragazza, classe I)

---

*"problemi famigliari*
*mio papà è stato investito ti raccontero tutto ciao anche*
*paura".*
(ragazzo, classe I)

---

*"vorrei parlare con lei perché mia mamma e mio papà*
*stanno litigando".*
(ragazza, classe I)

---

*"Famiglia problemi economici"*
(ragazza, classe I)

---

*"Vorrei venire a parlare con te per motivi di famiglia e di*
*amicizia"*
(ragazza, classe I)

*"Genitori, papà che lavora lontano"*
(ragazzo, classe I)

---

*"Ho problemi a casa"*
(ragazza, classe I)

---

*"Ciao sono Molly e sono della prima. Il mio problema è che ho litigato con mia cugina. E volevo raccontarti il motivo. Tanti saluti"*
(ragazza, classe I)

---

*ho un problema famigliare che sta influendo molto sulla scuola.*
*Spero di poterle parlare presto.*
*Grazie.*
(ragazza, classe III)

# 8. SEPARAZIONE DEI GENITORI: "La mia famiglia sta divorziando"

*"la mia famiglia sta divorziando e i miei genitori litigano molto. Le mie amiche dicono che sono troppo debole e che dovrei smetterla di piangere".*
(ragazza, classe I)

In questo processo delicato, alcuni eventi possono apportare ulteriori elementi di complicazione, di disturbo se non di blocco. Uno di questi è sicuramente la separazione e/o divorzio dei genitori. In altre parole, se i genitori stanno divorziando, il preadolescente è così concentrato su quello che accade all'interno della famiglia che fa fatica a spostare il focus all'esterno. In particolare, i ragazzi manifestano a più riprese il desiderio non solo che i genitori tornino insieme, ma anche di poter fare qualcosa di concreto per mettere le cose a posto. Questi desideri li distraggono dai loro compiti evolutivi e anche scolastici. Inoltre, un altro grande cambiamento va a sommarsi a tutti gli altri che, come abbiamo detto, caratterizzano questa fase. Di conseguenza, il processo di emancipazione dai genitori sopra descritto può subire dei rallentamenti. Infatti, ho notato, ad esempio, che se i genitori stanno divorziando, i ragazzi possono fare fatica ad innamorarsi. Per questo è importante che i preadolescenti i cui genitori sono in fase di separazione possano ricevere sempre un sostegno psicologico, anche se apparentemente non mostrano segnali di disagio. Hanno, infatti, bisogno di qualcuno che li aiuti non solo ad elaborare le emozioni legate alla separazione dei genitori, ma anche a non perdere di vista gli altri loro compiti evolutivi; che li aiuti a vedere che loro possono e devono andare avanti ugualmente nella loro crescita, anche se la famiglia di prima non esiste più.

Ovviamente, i problemi nascono anche dalle conseguenze della separazione: cambiamenti abitativi, di orari, di routine, accettazione dei nuovi partner dei genitori, se non dei figli dei nuovi partner dei genitori, ecc. Infatti, una realtà moderna sempre più diffusa è quella delle famiglie ricostruite e delle famiglie allargate: i ragazzi si ritrovano a convivere con altri bambini o ragazzi o ad accettare che la mamma e il papà abbiano altri figli con nuovi partner. In queste situazioni estremamente complesse, è importante che venga ricercata il più possibile la stabilità nell'instabilità: che i ragazzi possano disporre di orari e regole chiari, di una calendarizzazione regolare delle visite con entrambi i genitori, di luoghi abitativi stabili che possano essere vissuti come "basi sicure" e ambienti in cui ritrovare se stessi.

*"PROBLEMA*
*i miei genitori sono separati io sto con mia mamma e mio papà prima lo andavo a trovare a natale in altre festività*

perché abitava lontanissimo e era in casa con una di lei e sua nonna e suo fratello di lei poi se ne andato e ora non so più dovè vorrei un opinione da lei. E io vorrei chiederlo a mia mamma (dovè mio papà) ma non lo so se farlo io però lo voglio sapere: su questo vorrei sapere la sua opinione.
Grazie"
(ragazza, classe I)

---

"non riesco ad andare da mio padre neanche a salutarlo. Lei mi può aiutare a decidere se devo andare o no da mio padre. E volevo finirle di dire sul litigio".
(ragazza, classe I)

---

"io ho bisogno di venire in questi mercoledì. Io sono la ragazzina che ha i genitori che stanno divorziando. I miei hanno deciso che appena vendiamo la casa ce ne andiamo, quindi tra qualche mese.
Ho bisogno di parlarle!"
(ragazza, classe I)

---

"Cara Alessandra,
mi sono ritrovata in una situazione molto sgradevole: devo scegliere se far passare alla mia famiglia il natale a casa o uscire ma non poter passare il natale con mio papà?

95

*AIUTO*
*la prego di chiamarmi presto!"*
(ragazza, classe I)

---

*"Il motivo e per i genitori che sono separati ma ancora litigano".*
(ragazzo, classe I)

---

*"causa: peggioramento separazione genitori".*
(ragazzo, classe I)

---

*"perché il mio papà che non si trova qui, e non mi telefona mai".*
(ragazza, classe I)

---

*"problema: separazione dei genitori (la fidanzata di mio papà)".*
(ragazzo, classe I)

---

*"ho problemi con i miei genitori che si stano separando. Urgente!"*
(ragazza, classe I)

"problemi con i genitori. Separazione"
(ragazza, classe I)

# 9. IL PREADOLESCENTE E I SUOI FRATELLI

*"Mio fratello non mi considera".*
(ragazzo, classe I)

Un altro evento a volte in grado di complicare il processo di emancipazione del preadolescente dai propri genitori è la **nascita di un fratellino**, per lo stesso motivo spiegato sopra: il focus rimane all'interno della famiglia anziché spostarsi all'esterno. Il preadolescente può vivere un conflitto molto profondo nei confronti del nascituro: vivere un'ambivalenza affettiva (ad esempio: affetto misto a gelosia) unita ad un'impossibilità ad accettare ed esprimere i sentimenti negativi perché non sono accettabili, essendo il fratellino così piccolo ed indifeso. In questa fase, può essere utile aiutare il ragazzo a verbalizzare il proprio conflitto, autorizzandolo a provare ambivalenza e sentimenti negativi, sottolineando che consistono in vissuti del tutto normali e comprensibili, che non lo trasformano certo in una cattiva persona.

Altro fenomeno che spesso riscontro in preadolescenza è l'accentuazione del **conflitto tra fratelli** all'interno della famiglia: per i genitori è difficile gestire i cambiamenti dei figli preadolescenti anche a livello educativo. Il

99

preadolescente richiede tutte le attenzioni dei **fratellini più piccoli** ma al contempo mostra esigenze ed atteggiamenti diversi, faticando a percepire questa differenza tra sé e i fratellini. Di conseguenza, possono ricomparire gelosia, insofferenza e aggressività nei loro confronti. Soprattutto, i preadolescenti pensano spesso che i fratelli più piccoli siano dei privilegiati perché, al contrario loro, tendono ad essere dispensati da punizioni o castighi. I genitori dovrebbero assumere un atteggiamento diverso tra figli di età differenti, evidenziando in modo costruttivo le maggiori potenzialità, responsabilità e doveri dei più grandi, senza divenire per questo troppo indulgenti verso i più piccoli.

Se **i fratelli o sorelle sono più grandi** e stanno vivendo la fase della vera e propria adolescenza, i preadolescenti possono mostrare un desiderio di emulazione nei loro confronti che spesso viene da questi ultimi non solo scoraggiato ma anche contrastato, ad esempio attraverso le prese in giro o l'esclusione: in questo modo, i fratelli più grandi è come se volessero prendere le distanze dalla loro preadolescenza e quindi tracciare una linea di demarcazione tra loro e i più piccoli. Spesso i ragazzi a questa età si ritrovano, penosamente, a subire le prese in giro o l'esclusione sia a scuola sia a casa da parte dei fratelli maggiori, vivendo un certo disagio in entrambi gli ambienti. Anzi, penso che chi subisce prevaricazioni e/o prese in giro dai fratelli più grandi possa con maggiore probabilità sperimentare situazioni di bullismo a scuola sia come vittima ma anche come artefice: in quest'ultimo caso, può essere un tentativo – controproducente e distruttivo - di reagire alle prevaricazioni subite cercando di attaccare gli altri, capovolgendo i ruoli. I genitori dovrebbero prestare attenzione a questi possibili atteggiamenti aggressivi dei figli più grandi e cercare di contenerli, facendo leva, ad esempio, sulla loro empatia. Un modo potrebbe essere ricordare ai figli adolescenti come si sentivano qualche anno prima, quando loro stessi stavano attraversando la fase della preadolescenza.

*"Stà per nascere la mia sorellina*
*Grazie".*
(ragazzo, classe I)

---

*"Ho un problema con mia sorella".*
(ragazzo, classe I)

---

*"Litigo con mia madre e mio fratello. Grazie".*
(ragazza, classe I)

---

*"Io ho bisogno di venire da lei per parlare di mia sorella con cui non riesco proprio andare daccordo e di mia nonna che sta per morire".*
(ragazza, classe I)

*"sono troppo nervoso...forse sarà x colpa di mio fratello che mi prende sempre in giro. Ogni volta k mi prendono in giro io insulto o picchio..".*
(ragazzo, classe I)

---

*"problemi in famiglia*
*(sembra che i miei genitori vogliano bene solo alla sorella)".*
(ragazza, classe I)

---

*"Ho un problema con mia sorella"*
(ragazzo, classe I)

---

*"ho ancora problemi con mio fratello è urgente"*
(ragazza, classe I)

---

*"problema: fratelli"*
(due ragazzi, classe I)

---

*"e per fratelli e sorelle ho problemi con mia sorella"*
(ragazza, classe I)

*"Dovrei fare amicizia con un compagno di mia sorella? Come dovrei non so cosa fare"*
(ragazzo, classe I)

---

*"Problema: sorelle (è un problema serio)"*
(ragazzo, classe non specificata)

# 10. INNAMORAMENTO: "Chi disprezza ama!"

*"Io avrei problemi di amore, la aspetto con entusiasmo".*
(ragazzo, classe I)

*"Io sono emozionato perché ho paura di chiedere a Patty che la amo"*
(ragazzo, classe I)

L'innamoramento rientra tra i quattro motivi più frequenti di richiesta di accesso allo "Sportello d'ascolto" a scuola, ha, infatti, riguardato il 12,5% dei ragazzi che si sono rivolti a me.

Io attribuisco un valore fondamentale all'esperienza dell'innamoramento in preadolescenza. In altri termini, **ritengo che la presenza di innamoramento sia un segnale che le cose stanno procedendo bene**. Non vale però il contrario: non necessariamente, se questo non avviene, significa che qualcosa non stia andando bene; penso però che tale dato vada integrato con altri eventuali fattori di rischio che, se sommati, possono far pensare alla presenza di un certo blocco nel processo evolutivo. Ad esempio, se la mancanza di innamoramento è associata anche ad isolamento dal gruppo dei pari, rifiuto della scuola, permanenza di atteggiamenti troppo marcatamente infantili, ecc.

Se vi è innamoramento significa, infatti, che il preadolescente è in grado di spostare il proprio interesse affettivo e desiderio di contatto fisico dai genitori ai coetanei. Questo, ovviamente, espresso in un modo goffo e conflittuale: anche se il preadolescente inizia ad innamorarsi, non è pronto alle dichiarazioni d'amore e, men che meno, al contatto fisico con l'altro sesso. Questo spiega gli atteggiamenti di presa in giro che spesso i maschietti di prima rivolgono alle compagne e la suddivisione marcata che in prima (e spesso anche in seconda) vi è tra maschi e femmine: tali atteggiamenti esprimono il conflitto squisitamente preadolescenziale tra desiderio e paura. Poiché desiderano conoscere l'altro e vivere le prime esperienze sentimentali, ne sono spaventati (per il cambiamento che ciò implica) ed il risultato è la distanza difensiva attraverso la presa in giro di genere o la lontananza fisica: "chi disprezza ama!".

Un'altra soluzione di compromesso che ho riscontrato più recentemente in una scuola si è manifestata attraverso il "fidanzamento" tra alcune ragazze di terza e alcuni ragazzini di prima. Le virgolette sono d'obbligo perché i legami di coppia di questo tipo sono platonici e consistono semplicemente in dichiarazioni d'amore corrisposte e in uno scambio di messaggi (soprattutto telefonici) a contenuti sentimentali. Nonostante ciò, i ragazzi attribuiscono grande importanza a queste prime esperienze che però non si associano a dosi elevate di sofferenza quando finiscono. In particolare, esse costituiscono a tutti gli effetti un compromesso per entrambi i soggetti coinvolti: le ragazze di terza si avvicinano sentimentalmente all'altro sesso, ma i ragazzi più piccoli sono innocui rispetto ai coetanei per quanto concerne gli atteggiamenti di tipo sessuale. Quindi, le ragazze possono muoversi su di un terreno protetto. Per i maschietti di prima, invece, si tratta, probabilmente, di un tentativo non solo di avvicinarsi all'altro sesso ma anche di sentirsi più adolescenti e popolari, godendo al contempo delle attenzioni di tipo affettivo delle ragazze più grandi.

Altro fenomeno frequente in preadolescenza è che spesso i migliori amici e le migliori amiche si innamorano della stessa persona. Questo fatto non deriva solo dalla sintonia e dalla somiglianza presente tra amici, ma anche da quel fondamentale bisogno di condivisione: ci si sente più protetti e al sicuro se si condivide tutto, anche la persona di cui si è innamorati. Ovviamente, tale esperienza condivisa ha anche i suoi risvolti negativi: i ragazzi si ritrovano a sperimentare per la prima volta la gelosia in amore e la competizione con una persona fondamentale (il migliore amico), con il timore di perderne l'amicizia.

Devo dire che l'esperienza dell'innamoramento è uno dei motivi più frequenti per cui i ragazzi di prima richiedono la consultazione allo sportello d'ascolto. Questo proprio perché spesso non sanno quale significato attribuire a tale esperienza e possono viverla con emozioni anche spiacevoli quali la vergogna o la paura. Se anche i genitori vivono con paura o con disagio le cotte dei propri figli preadolescenti, possono senza volerlo invitarli a chiudersi o a soffocare tale fondamentale esperienza evolutiva, favorendo, in questo modo, il loro blocco. I genitori dovrebbero invece accogliere empaticamente tali esperienze evitando sia di negarle, sia di minimizzarle o di ridicolizzarle, prendendole sul serio, insomma. È quello che cerco di fare io quando i ragazzi si affidano a me confessandomi questi loro struggimenti: li prendo sul serio. Spesso, infatti, sembra che alla base della loro richiesta di aiuto per gli innamoramenti stia il semplice bisogno di dirlo, di "confessarlo" ad un adulto, come per sentirsi visti e, quindi, autorizzati a vivere questa esperienza.

Per quanto concerne la **sessualità**, sicuramente l'attrazione sessuale inizia a farsi sentire insieme all'innamoramento a partire dalla pubertà, ma, come detto, solitamente i ragazzi più piccoli non si sentono ancora pronti e temono gli approcci di tipo sessuale. Quando più avanti nel tempo iniziano a "mettersi insieme", significa che si dichiarano un innamoramento reciproco ed iniziano a sentirsi (oggi è più facile con internet), a "messaggiarsi", ma, nella maggioranza dei casi, il rapporto rimane fermo a questa fase ingenua e platonica e rapidamente viene chiuso, spesso senza grandi sofferenze. In seconda e soprattutto in terza media, possono nascere delle relazioni di coppia anche tra compagni di classe che a volte vanno oltre i semplici messaggini: i ragazzi possono frequentarsi anche fuori, prendersi per mano, scambiarsi qualche timido bacio. Tali prime relazioni di coppia quando finiscono possono suscitare forte sofferenza. Invece, il vero e proprio approccio fisico con il sesso opposto o con lo stesso sesso (nei casi di omosessualità) avviene solitamente più avanti, durante l'adolescenza. I più precoci iniziano a vivere le prime esperienze sessuali in terza media, ma sono casi rari ed isolati (almeno nei contesti sociali e geografici dove lavoro io). Infatti, alle scuole medie mi è capitato pochissime volte di ricevere una richiesta di aiuto a Sportello per questioni legate alla sessualità. Per quanto riguarda questo aspetto, penso che sia importante che i ragazzi possano vivere le prime esperienze sessuali più avanti negli anni, quando sono più maturi e consapevoli e quando vivono relazioni di coppia più stabili e sicure. Bisognerebbe svolgere a scuola degli **interventi di educazione alla sessualità** atti a cercare di ritardare l'età del primo rapporto sessuale, per prevenire situazioni dolorose e spiacevoli e per favorire un atteggiamento più sereno, consapevole e rispettoso (di sé e dell'altro) nei confronti della sessualità.


*"Prime cotte.*
    *Come faccio?*
*Sua mamma mi porta a scuola la mattina. Lo vedo e lo saluto. Lui mi saluta e poi si riincolla al cellulare, lo sogno, lo penso, lo vedo quando chiudo gli occhi".*
(ragazza, classe I)

---

*"Ho preso una cotta e non so come fare! Vorrei sapere come fare"*
(ragazza, classe I)

*"Mi sto agitando ancora di più uff. non so come fare vorrei che mi richiamasse appena lo vedo divento rossa! Come un peperone UFFA!"*
(ragazza, classe I)

---

*"A me piace una ragazza della mia classe però piace anche a un mio amico mi può aiutare?*
*GRAZIE"*
(ragazzo, classe I)

---

*"Cara psicologa,*
*ho un problema la persona ke mi piace mi odia cosa devo fare?"*
(ragazza, classe I)

---

*"Cara dott. Alessandra, mi sono proprio trovata bene parlarle dei miei problemi famigliari, però ora vorrei parlare con lei con i miei problemi sentimentali che mi feriscono molto perché lui e di questa scuola perciò lo vedo sempre e mi ferisce!!*
*Però lui pensa cose brutte di me!*
*Spero che mi chiama appena vede e legge questo avviso!*
*Arrivederci e a presto!"*
(ragazza, classe I)

*"Buongiorno, mi sono innamorato di Patty solo che alcuni compagni continuano a prendermi in giro perché alcuni di loro hanno sparpagliato notizia. Vorrei parlare con lei".*
(ragazzo, classe I)

---

*"Cara Ale, amo qualcuno, ma non riesco ha conquistarlo. Mi aiuti perfavore?"*
(ragazza, classe I)

---

*"OGGETTO: INNAMORAMENTO PARASSITA"*
(ragazzo classe I)

---

*"Cara Alessandra sono Molly ho un problema a me piace un ragazzo che piace anche alla mia amica*
*Aiutooo!!!"*
(ragazza, classe I)

---

*"Grazie, ho parlato con mia mamma e va meglio, ma ora il problema è un altro, litigo spesso con Molly xchè ci piace la stessa persona, e x questo litighiamo"*
(ragazza, classe I)

*"Ciao, la Patty mi ha detto che in estate fa un pigiamaparti, di giorno quando il Jimmy è fuori la Patty e le mie amiche mi fanno bella, mi truccano e mi vestono bene. Così io conquisto il Jimmy ed è fatta"*
(ragazza, classe I)

---

*"Amore perché mi piace una di prima e una di terza. E studio: uso anche lo schema e faccio meno fatica".*
(ragazzo, classe I)

---

*"c'è un mio compagno di classe che mi piace Tippy e non so come dirglielo e poi per lui e come se sono invisibile. Come faccio?"*
(ragazza, classe I)

---

*"Ciao sono Molly vorrei parlarle con lei per un problema anzi un po' di problemi di cuore a scuola spero che faccia in tempo x chiamarmi*
*ciao! Arrivederci*
*p.s. Ho un po' le idee confuse"*
(ragazza, classe non specificata)

---

*"io mi sono innamorata non so come dirlo di un mio compagno di scuola!"*
(ragazza, classe I)

*"prob. d'amore*
*mi piace uno della mia classe si chiama Jimmy".*
(ragazza, classe I)

---

*"Mi sono innamorata"*
(ragazza, classe I)

---

*"Problema con una ragazza"*
(ragazzo, classe I)

---

"Amore con una ragazza ma non ho il coraggio di diglielo"
(ragazzo, classe I)

---

*"Mi sono innamorata ma non so come dirlo"*
(ragazza, classe I)

---

*"Cara psicologa,*
*mi vergogno a farmi vedere dalla persona che mi piace*
*perché lo sa. Cosa devo fare?"*
(ragazza, classe I)

"Alessandra a me piace un ragazzo come posso fare?"
(ragazza, classe I)
*"Problema: timidezza in amore".*
(ragazzo, classe I)

---

*"Salve, sono Molly della I, ho un problema: ho una cotta dalla prima elementare di un ragazzo e vorrei dirglielo, ma anche quando mi deve salutare io mi nascondo, ho bisogno di aiuto. Grazie."*
(ragazza, classe I)

---

*"Delusioni d'amore e problemi di studio".*
(ragazza, classe I)

---

*"Argomento sull'amore. Ti prego più presto possibile. Urgente!"*
(ragazza, classe I)

---

*"Questione d'amore! Importante!"*
(ragazzo, classe I)

---

*"Mi sono innamorata di Jimmy"*
(ragazza, classe I)

*"Amore con una migliore amica"*
(ragazzo, classe I)

---

*"Cara psicologa,*
*quello che sto per raccontarle è un segreto, mi piace una*
*persona, e credo che quella persona già lo sappia e quindi*
*io mi vergogno a farmi vedere da lui; cosa devo fare?*
*Saluti"*
(ragazza, classe I)

---

*"Problemi di amore con 2 migliori amiche"*
(ragazzo, classe I)

---

*"Prime cotte"*
(ragazzo, classe I)

---

*"Mi piace una persona e non so come dirglielo"*
(ragazzo, classe I)

---

*"Ho dei problemi con una ragazza perché mi piace"*
(ragazzo, classe I)

*"Amori"*
(ragazzo, classe I)

---

*"Problema: mi piace una persona, cosa faccio?"*
(ragazza, classe I)

---

*"Ho bisogno di parlarvi il più presto del Tippy che ha detto che io sono carina. Il Jimmy non mi diceva neanche quello. Io gli ho scritto una lettera x lui,le mie amiche mi hanno aiutata a farla gli ho ringraziato tantissimo"*
(ragazza, classe I)

---

*"Cara psicologa o Alessandra io ho un problema ho una cotta per uno che si chiama Jimmy come faccio a farmi piacere?"*
(ragazza, classe I)

---

*"dei problemi in matematica e Jimmy sentimentali con una estranea a questa scuola"*
(due ragazzi, classe non specificata)

---

*"vorrei parlarle il prima possibile per problemi sentimentali e problemi con amiche"*
(ragazza, classe non specificata)

*"Alessandra a me piace uno come posso fare colpo?"*
(ragazza, classe non specificata)

---

*"Problemi sentimentali! sull'amicizia e sull'amore."*
(ragazza, classe II).

---

*"Problema: sono lesbica!"*
(ragazza, classe II)

---

*"Ho un problema,*
*il ragazzo che mi piace va dietro alla mia migliore amica,*
*lei non lo vuole piu tra i piedi ed io non voglio che gli parli*
*perché sono gelosa.*
*Ciao!*
*p.s: chiamaci al più presto!"*
(due ragazze, classe II)

---

*"problemi: abbiamo bisogni di consigli e le vorremmo dire*
*le nostra storie d' "amore""*.
(due ragazze, classe III)

---

*"Mi chiamo Molly, ho un problema d'amore, ho bisogno del*
*suo aiuto,*
*GRAZIE"*
(ragazza classe III)

*"Problemi con 1 ragazzo"*
(ragazza, classe III)

---

*"Love e school"*
(due ragazze, classe III)

---

*"x opsicologa*
*Salve, siamo, ancora, Patty e Molly,*
*Volevamo, ancora, parlarle di quel ragazzo...abbiamo*
*molte perplessità su tante cose e vorremmo un suo*
*parere!!!*
*Salve"*
(due ragazze, classe III).

---

*"Cara psicologa,*
*volevo dirle che certe persone dicono che si potrebbe*
*perdere il bambino ma come mai?*
*Rispondimi per piacere"*
(ragazza, classe III)

---

*"Ho già fatto l'amore con una ragazza la scorsa estate, e*
*adesso sento il bisogno di parlare con qualcuno"*
(ragazzo, classe III)

# 11. DISAGIO IN PREADOLESCENZA: "La paura del mondo"

*"Ciao sono Patty*
*vorrei un'amano per smettere di aver paura del mondo come mi*
*dicono certi".*
(ragazza, classe I)

*"ho tanti problemi...così tanti che non riuscirei a elencarli in un*
*libro di 200 pagine".*
*(ragazzo, classe II)*

## Premessa

*Come ripetuto più volte, lo Sportello d'ascolto è uno spazio di sostegno psicologico focalizzato sulle piccole e grandi preoccupazioni quotidiane dei ragazzi. Di conseguenza, le problematiche psicologiche più gravi sono presenti, ma non costituiscono i motivi più frequenti di consultazione. Nella categoria "Disagio in preadolescenza" ho quindi inserito quelle richieste basate sulla presenza di sofferenza psicologica più o meno grave, che spazia dalle paure più infantili agli atteggiamenti più*

*preoccupanti come l'autolesionismo (8,1 % delle richieste*
*rientra in questa categoria).*

---

La preadolescenza è un'"età di mezzo" tra l'infanzia e l'adolescenza. Come tale, può essere caratterizzata da disagio, da paura, da confusione. Il preadolescente sa che dovrà abbandonare il mondo dell'infanzia, prima o poi. Ma ne ha paura. Ha paura del mondo, ha paura dell'indipendenza, anche se la desidera, ha paura dei cambiamenti, a partire da quelli fisici. Non si sente più un bambino, ma non possiede ancora l'esperienza e l'autonomia dei più grandi. Per cercare di mettermi nei loro panni, oltre a rievocare la mia preadolescenza, penso a situazioni in cui ci si ritrova a dover superare un ostacolo senza però essere sicuri dei propri mezzi: ad esempio, provare ad imparare a sciare senza maestro, esperienza che può suscitare molta paura, se non traumatizzare, arrivando a provocare atteggiamenti rinunciatari. Ecco, il preadolescente ha bisogno di guide, di "maestri", o anche di "compagni di viaggio" per affrontare più serenamente la sua crescita che, se vissuta in solitudine, può diventare davvero paurosa, arrivando a bloccarlo. Gli amici sono indubbiamente dei preziosissimi compagni di viaggio che condividono le medesime paure e le stesse speranze. Anche e soprattutto per questo penso siano così importanti in questa fase. Gli adulti, invece, se competenti, possono assumere il ruolo fondamentale di guide o maestri. Per "competenti" intendo attenti alle peculiarità e ai bisogni propri dei preadolescenti; adulti in grado di vederli e considerarli come tali, né come bambini né come adulti, cosa non sempre semplice, e adulti autorevoli, capaci, vale a dire, di conferire il limite rassicurante delle regole, ma con un atteggiamento empatico, attento nei confronti dei vissuti dei ragazzi e improntato all'ascolto ed al dialogo.

Come si può notare leggendo la seguente raccolta di bigliettini, il disagio preadolescenziale è eterogeneo quanto la fase stessa: ritroviamo, infatti, **timori e paure ancora tipicamente infantili** (ad esempio, alieni, mostri, ecc.) accanto a problematiche più squisitamente adolescenziali quali l'autolesionismo. In particolare, i maschi lamenterebbero più spesso **problemi a livello comportamentale**, soprattutto la difficoltà di autocontrollo; al contrario, le femmine manifesterebbero più frequentemente un **malessere interiore** (autostima, sentirsi diversi, imbarazzo, ecc.). Questa differenza è stata studiata dalle ricerche e può essere ricondotta alla maggiore propensione del genere femminile ad interiorizzare il malessere, contrapposta alla tendenza ad esteriorizzarlo, più tipicamente maschile.

Inoltre, in questa fase, **i cambiamenti fisici** sono preponderanti e suscitano non poche preoccupazioni legate alla crescita, all'accettazione del proprio corpo, alla sessualità. In questo periodo, il corpo diviene scomodo e goffo e a volte può essere maltrattato dal preadolescente attraverso l'autolesionismo, la tricotillomania, l'onicofagia, le condotte alimentari sbagliate, ecc. In questi casi, il conflitto potrebbe riguardare il graduale processo di appropriazione del proprio corpo che smette di essere gestito dai genitori (i bambini sono lavati e vestiti dai genitori) e le difficoltà che questo implica. Inoltre, come afferma Charmet, durante la pubertà il preadolescente deve elaborare il fatto che il proprio corpo sta diventando complementare ad un altro corpo, proprio perché assume connotazioni di tipo sessuale. Infine, il ragazzo deve modificare l'immagine che ha di se stesso a partire dai grandi cambiamenti fisici: il processo di trasformazione corporea non è immediato, quindi il preadolescente deve sopportare ed attraversare una fase in cui non si riconosce più nel bambino che è stato e non si ritrova ancora nell'uomo o nella donna che diventerà, una sorta di "terra di mezzo" caratterizzata da un vuoto identitario. Questa transizione da un corpo infantile ad un corpo sessuato e biologicamente adulto avviene gradualmente e può essere caratterizzata da un certo disagio fisico oltre che psicologico: i ragazzi possono apparire goffi, impacciati in questa fase e manifestare una comprensibile difficoltà ad accettarsi e a piacersi in questi scomodi panni. Anche per questi motivi, le prese in giro che si focalizzano sull'aspetto fisico e di cui abbiamo parlato nel capitolo cinque, possono essere particolarmente dolorose.

In conclusione, il disagio legato alle trasformazioni corporee è frequente e normale in questa fase, quello che può variare è il modo di reagire ad esso: i disturbi alimentari o l'autolesionismo sono sicuramente delle modalità estreme e distruttive di dare voce a tali conflitti. Per questo, lo psicologo scolastico deve essere in grado di distinguere quelle situazioni in cui lo sportello d'ascolto non è sufficiente ed adatto ed intervenire di conseguenza (ad esempio, parlando con i genitori ed inviando a centri esterni per una psicoterapia).

## Le paure

*"ho paura del vacino per il papilloma virus"*
(ragazza, classe I)

---

*"Buongiorno psicologa, sono Jimmy di classe I.*
*Ho un problema: mi è tornata la paura del buio e vedendo un gioco di paura non dormo più e le ombre di oggetti le assomiglio al mostro di quel gioco. Ora dormo con mia mamma e con la luce, da solo, in camera, non riesco a dormire.*
*Mi sono anche ammalato per questo fatto. Ora prendo delle gocce e dormo un po' meglio. per questo le chiedo di parlare. Grazie."*
(ragazzo, classe I)

---

*"non riesco a concentrarmi per via di mio cugino, vittima di un incidente e ricoverato in ospedale, comunque le piegherò tutto io in persona, ho paura della bocciatura, mi aiuti la prego, ne ho bisogno al più presto possibile!*
*Grazie"*
(ragazza, classe I)

*"Sono il Jimmy di classe I ho paura degli alieni"*
(ragazzo, classe I)

---

*"Problemi di paura"*
(ragazzo, classe II)

---

*"Cara dottoressa Bernasconi, ho un po' di problemi con stanchezza,*
*1 bullo (classe II, mi sembra...)*
*Preoccupazione".*
(ragazza, classe I)

---

*"Siamo rimaste troppo impressionate da un film"*
(due ragazze, classe II)

## Difficoltà di comportamento

*"ciao, sono Tippy e volevo dirti che io mi sento scacciato dagli altri e non sono amichevole agli altri. La ritengo importante io! Quindi se mi puoi fare scendere il più presto per parlare di questa cosa.*
*Ciao"*
(ragazzo, classe I)

*"Buon giorno Alessandra,*
*vorrei venire a parlare con lei perché ogni tanto a casa*
*quando mi chiedono di fare qualcosa mi arrabbio, ma poi*
*lo faccio lo stesso.*
*Abbastanza urgente!!*
*p.s.: questa volta non vengo con Jimmy e Tippy ma da*
*solo".*
(ragazzo, classe I)

---

*"per lutto, controllare rabbia, controllarsi per versi scemi"*
(ragazzo, classe I)

---

*"ciao o un picolo problema allo io quando sono fuori casa*
*sono gentile invece quando sono dentro impazisco. Non*
*so cosa fare per piacere vorrei un consiglio*
*cordiali saluti".*
(ragazzo, classe I)

---

*"non riesco a staccarmi dal computer. Come faccio?*
*Grazie, ciao.*
*Aiuto!*
*p.s.: con questo problema non studio e non faccio i*
*compiti.*
*2 p.s.: ci sto 24 ore su 24"*
(ragazza, classe I)

*"problemi di comportamento"*
(ragazza, classe I)

---

*"io ho un problema che ne contiene di più o non so come spiegarmi.*
1. *un giorno ho bevuto con dei miei amici una bottiglia (una in tre) di X che è a poca base alcolica però credo che questo non sia un grave problema ma questo è il dilemma: devo o non devo dirlo ai miei? Io penso di no.*
2. *Non riesco a parlare con quello che mi piace cioè sono insieme a lui ma non riesco.*
3. *Non sopporto più i miei che mi vietano tutto".*

(ragazza, classe I)

---

*"Buongiorno, vorrei venire a parlarle per alcuni atteggiamenti che ho quando sono nervoso. Aspetto sue notizie."*
(ragazzo, classe II)

## Il cambiamento del corpo e la sua manipolazione

*"per me è molto importante parlarti di problemi sentimentali famigliari e problemi per il cambiamento del corpo.*
*Mi potresti chiamare al più presto".*
(ragazza, classe I)

---

*"Quando sono agitata, nervosa e annoiata mi viene da strapparmi i capelli.*
*Uno a uno un po' per volta. Il risultato è che adesso ho una chiazza senza capelli in mezzo alla testa. Faccio la coda per nasconderla un po'. Questo mi era capitato già a maggio di 2 anni fa, a gennaio di questo anno riuscì a smettere. Purtroppo ho ricominciato. Questa cosa è più forte di me, se non ne strappo uno...se invece ne strappo uno non smetto più. Come faccio a smettere? Spero che tu mi possa aiutare*
*Grazie".*
(ragazza, classe I)

---

*"Crescita, amore"*
(ragazza, classe I)

---

*"Amicizia, peso, solitudine"*
(ragazza, classe I)

*"Crescita"*
(ragazza, classe I)

---

*"Salve...*
*volevo parlarle a causa della mia migliore amica che a causa dei genitori è diventata autolesionista e si taglia i polsi...*
*io ed un altra ragazza non sappiamo come farla smettere...*
*la prego di aiutarmi..."*
(ragazzo, classe II)

---

*"Vorrei ricevere un collocquio con lei per ricevere dei consigli su come fare a smettere un brutto vizio"*
(ragazzo, classe I)

---

*x il calcio*
(ragazzo, classe I)

---

*"Ho un problema con il calcio"*
(ragazzo, classe non specificata)

---

*"ciao è da quasi un anno che mi autolesiono voglio smettere per favore mi aiuteresti?*

*Grazie"*
(ragazza, classe III)

## Il malessere "dentro"

*"Ciao Alessandra! Sono Patty!*
*Lo so che fai di tutto per aiutarmi ma è inutile perché:*
  1. sono brutta, sono una perdente...
  2. non perdere l'energia per me che sono brutta, perdente...
Alessandra ti voglio un mondo di bene!
E non ti voglio fare preoccupare..."
(ragazza, classe I)

---

*"Soffro un po' di autostima, e a volte mi sento solo e inferiore"*
(ragazzo, classe I)

---

*"Amore, famiglia, scuola, paure, consigli. Discriminazioni"*
(ragazza, classe I)

---

*"sempre lo stesso motivo del malessere dentro"*
(ragazza, classe I)

---

*"Imbarazzo"*
(ragazzo, classe I)

*"Problemi di socializzazione"*
(ragazzo, classe I)

---

*"perché voglio essere più autonoma, per esempio venire a scuola in bici o andare a trovare i miei amici in bici".*
(ragazza, classe I)

---

*"Ciao,*
*io mi sottostimo e penso di essere sottostimata dagli altri in particolare da una mia amica; e non riesco a capire il perché. Vorrei che mi aiutassi a capire quel perché ...*
*Grazie..."*
(ragazza, classe II)

---

*"Mi sento diversa da tutti"*
(ragazza, classe III)

---

*"problema: ho delle stupide fisse nella mia testa e non se ne vanno. Ormai non riesco a pensare ad altro. Ho bisogno d'aiuto".*
(ragazza, classe III)

# 12. L'ESPERIENZA DEL LUTTO

*"2 anni fa ho perso mio zio, ho bisogno di amore".*
(ragazzo, classe I)

Altra questione non da poco con la quale il preadolescente deve fare i conti è la morte. Come anticipato, il preadolescente ragiona in un modo diverso rispetto al bambino, abbandona piano piano il pensiero egocentrico e magico proprio dell'infanzia per accedere ad uno stile cognitivo in grado di concepire l'ipotesi, l'astrazione, i punti di vista altrui ed il mondo delle possibilità. Va da sé che la morte viene vista e vissuta in modo molto diverso dai bambini. Spiegazioni rassicuranti e semplici del tipo: "ora il nonno è in cielo e ci guarda" non gli bastano più, anzi lo lasciano perplesso e pieno di interrogativi. In questa fase l'idea della morte può spaventare molto per la questione della mancanza di mezzi discussa nel precedente capitolo: il preadolescente inizia a capire la realtà e l'inevitabilità della morte, ma non è in grado ancora di darsi delle spiegazioni esaurienti a riguardo né di tranquillizzarsi in merito. Ancora una volta, il preadolescente che si confronta per la prima volta con l'esperienza del lutto ha bisogno di sostegno, della vicinanza di adulti competenti che lo affianchino senza negare la realtà dei fatti ma senza catapultarlo in un modo troppo "crudo" nella realtà. In pratica, l'esperienza della morte non va negata: non serve a niente evitargli di assistere al funerale o di andare al cimitero, anzi, questo rischia, al contrario, di aumentare le sue paure. Il preadolescente va accompagnato in queste situazioni con empatia e dialogo: bisogna parlare insieme della sofferenza legata al lutto, bisogna piangere insieme.

Anche la morte degli animali domestici può assumere in questa fase tonalità drammatiche non solo per il legame affettivo che lega molti ragazzi ai loro amici animali, ma anche perché spesso sono le prime esperienze di lutto che si ritrovano ad affrontare.

*"mia mamma è morta quando ero piccola e ho una sorellastra che ha la mamma e fa di tutto per farmi star male e altre cose"*
(ragazza, classe I)

---

*"Morte parente, studio"*
(ragazza, classe I)

---

*"ho estremamente bisogno di parlare con qualcuno. Puoi chiamarmi venerdì? Il compagno di mamma se né andato...io parlo pochissimo con mio papà ed è morto il mio idolo, un allenatore della mia prima squadra di*

*calcio...ho veramente parecchio bisogno di parlarti...se puoi io sono in III...*
*Meno male che ci sei tu...*
*by Jimmy"*
(ragazzo, classe III)

---

*"Ciao Alessandra, sono Molly la ragazza di II. Sono già venuta da te per il problema di una mia compagna, ti ricordi?*
*Ora ho bisogno di te perché ho un problema un po' grave (x me). Il mio problema è che 4 mesi fa è morta mia nonna, e da quel momento io non riesco più a non pensarci, la sogno, quando sono in sopra pensiero non faccio che pensare a lei...per i primi giorni andava bene ma ora non ce la faccio più, non so cosa fare...e poi ogni volta che vado a casa di mio nonno (il marito di mia nonna) non riesco a non guardare in giro perché non trovo mia nonna...sono disperata, non so cosa fare...*
*aspetto con ansia la tua risposta."*
(ragazza, classe II).

---

*"Morte del mio gatto l'altro giorno"*
(ragazza, classe I)

---

*"manca il cane di mio nonno"*
(ragazzo, classe I)

133

# 13. IL BISOGNO DI ASCOLTO E COMPRENSIONE "AMBIVALENTE" DEL PREADOLESCENTE: "Cara dottoressa Ale..."

*"oggi vorrei che è meglio non vederci".*
(ragazza, classe III)

*"T.V.T.B.*
*È sempre riuscita ad aiutarmi e la ringrazio"*
(ragazza, classe I)

I preadolescenti apprezzano gli incontri con lo psicologo nel momento in cui si sentono ascoltati e capiti. A volte, nel bel mezzo del "marasma" che stanno attraversando, lo psicologo scolastico (quindi di facile accesso e su base volontaria e gratuita) diviene l'unico o uno dei pochi "fari nella nebbia" che riescono ad individuare e a cui appellarsi. Come anticipato, non occorre una serie numerosa di colloqui: a volte è sufficiente un unico incontro per placare le loro ansie e supportarli nel loro percorso. Inoltre, soprattutto i preadolescenti più piccoli, trovano nella figura dello psicologo un buon compromesso tra il bisogno di appoggiarsi ancora agli adulti e quello, di verso opposto, di emanciparsi da essi: lo psicologo è un adulto esterno alla famiglia cui ricorrere *solo* in caso di bisogno, con il quale non è necessario stabilire una relazione continuativa. D'altra parte, lo psicologo *c'è*, è a loro disposizione: questa idea è già di per sé rassicurante. Inoltre, a differenza dei docenti, lo psicologo appartiene e si occupa esclusivamente della sfera affettiva e non di quella cognitiva ed il suo intervento è avulso da giudizi o valutazioni. Quindi, anche se i docenti più empatici possono offrire anche un valido supporto di tipo affettivo, non si può prescindere dal fatto che il loro ruolo primario sia legato alla loro mansione legata all'insegnamento. Per questo, non condivido la conduzione di sportelli d'ascolto da parte di insegnanti: il rischio è quello di creare ulteriore confusione andando a sovrapporre il ruolo valutativo con quello più affettivo. Un esempio, è la possibilità di rivolgersi allo "Sportello" più per compiacere l'insegnante che per un bisogno effettivo di ascolto.

Infine, posso affermare di avere riscontrato affetto e riconoscenza da parte dei ragazzi che si sono sentiti capiti e aiutati, e al contempo, un atteggiamento di rapida emancipazione da parte loro: non appena si sentono meglio, tendono a "sganciarsi" dalla figura dello psicologo, preoccupandosi di lasciare lo spazio ad altri più bisognosi, e a ricorrere ancora al suo aiuto solo in caso di effettivo bisogno.

Infine, l'ambivalenza si manifesta anche con i differenti modi di rivolgersi a me: c'è chi mi dà del tu (questo soprattutto quando ero agli inizi!), chi del lei, chi mi chiama

Ale, Alessandra, Dottoressa, Professoressa, psicologa, signorina, signora ecc. o anche chi alterna stile informale e formale nello stesso biglietto. Questa mescolanza può derivare dal vivermi sia come una figura affettiva, amichevole, alla pari (Ale) sia come un professionista adulto in un contesto scolastico (Dottoressa, professoressa), non sapendo con certezza a quale delle due figure appellarsi.

Questi diversi atteggiamenti emergono nei seguenti bigliettini.


## L'urgenza di ascolto: "vorrei parlare cara dottoressa"

*"chiedo un appuntamento con la prof.sa Bernasconi Alessandra il più presto possibile perché è urgente Grazie"*
(ragazzo, classe I)

---

"Possiamo venire in due?"
(due ragazze, classe I)

---

*"Ciao sono Patty di I e le volevo parlare di una cosa che mi è successa durante l'ultimo giorno di "recupero e potenziamento". Poi volevo chiedere se mi potrebbe chiamare alla II ora del mattino.*

*Grazie".*
(ragazza, classe I)

---

*"vorrei parlare con la psicologa scolastica*
*è urgente!"*
(ragazza, classe I)

---

*"Vorrei parlare cara dottoressa"*
(ragazzo, classe I)

---

*"problema di uno sport e vorrei avere un consiglio"*
(ragazzo, classe I)

---

*"per la dot. Bernasconi*
*le chiedo se potrei parlare con lei:*
*motivo: famiglia/scuola (non molto urgente)"*
(ragazzo, classe I)

---

*"Gentile Sign Bernasconi*
*vorrei venire da Lei.*
*p.s ci terrei tanto venire da Lei al più presto"*
(ragazza, classe I)

*"Cara dottoressa vorrei parlarle"*
(ragazzo, classe I)

---

*"Ciao Alessandra ho bisogno di parlare con te per delle cose"*
(ragazzo, classe I)

---

*"Buon giorno signorina psicologa io avrei bisogno di parlare con lei x dei problemi personali.*
*Mi può portare fuori a parlare con lei? La prego.*
*Grazie, buona giornata"*
(ragazza, classe I)

---

*"Devo parlare con lei"*
(ragazzo, classe I)

---

*"Cara psicologa*
*potrei parlare con lei il più presto possibile perché ho altri 3 problemi"*
(ragazza, classe non specificata)

---

*"chiedo un appuntamento con la pro.sa Alessandra per poter parlare di motivi personali"*
(ragazzo, classe I)

*"Sono Molly ho una bella notizia ciao mi chiami prima di tutti per favore"*
(ragazza, classe I)

---

*"Ciao, ci vogliamo prenotare per domani le cose stanno migliorando di gran lunga in entrambi i casi, ma c'è ancora un problema! Lo dobbiamo risolvere! A domani Ciao!"*
(due ragazze, classe non specificata)

---

*"Alessandra ho un grave problema"*
(ragazza, classe II)

---

*"Per favore avrei bisogno di parlare con la psicologa"*
(ragazzo, classe II)

---

*"Cara dottoressa dovrei parlare"*
(ragazzo, classe II)

---

*"x la psicologa Molly vuole scendere con Patty per un consiglio"*
(due ragazze, classe II)

*"Ciauuuuu Ale,*
*sn la Molly! (se nn sai le abbreviazioni guarda in basso ke*
*c'è il dizionario xd) cmq ho tntxime cse da raccontarti! Sn*
*successe tntxime cose. Brutte e belle. Nn vedo l'ora di*
*vederti...sn la Molly. di II. Ade si deve sl asp...ci si*
*vedrà...ciauuuuuuuu"*
*DIZIONARIO:*
*SN: SONO*
*NN: NON*
*KE: CHE*
*CMQ: COMUNQUE*
*TNTXIME: TANTISSIME*
*CSE: COSE*
*ASP: ASPETTARE*
(ragazza, classe II)

---

*"Sono Tippy, se hai tempo mi chiami?*
*Se si sono in II o in biblioteca, altrimenti alla prossima,*
*ciao..."*
(ragazzo, classe II)

---

*"Cara Alessandra vorrei avere la possibilità di parlare con*
*lei"*
(ragazza, classe II)

*"Sono Tippy di terza, per favore mi chiami ho bisogno di parlare con lei"*
(ragazzo, classe III)

---

*"Avevo già parlato con lei di problemi famigliari ad adesso le vorrei parlare ancora. Grazie"*
(ragazza, classe III)

---

*"Salve,*
*vorremmo parlarle di un problema quando fosse possibile.*
*Grazie."*
(due ragazze, classe III)

---

*"Sono Patty (classe III) voglio parlare con te urgentemente"*
(ragazza, classe III)

---

*"Vorrei dirle tutto quello che è successo in 2!Grazie!"*
(ragazza, classe III)

---

*"Gentile psicologa,*
*avremmo bisogno di parlare con lei al più presto.*
*Grazie in anticipo!*
*Ps: speriamo tanto in una sua risposta!"*

(due ragazze, classe III)

---

*"Salve psicologa sono Jimmy classe III e vorrei parlarti di un po' di cose"*
(ragazzo, classe III)

---

*"Ciao sono Molly io ho già messo 2 biglietti per venire a parlare con lei. Avrei bisogno di parlare con lei. Ciao"*
(ragazza, classe III).

## Il congedo e la riconoscenza: "Oggi vorrei che è meglio non vederci"

*"Avrei delle notizie da darti presto però se hai altri impegni prima fai quegli altri".*
(ragazzo, classe I)

---

*"Ciao Ale,*
*la storia di mia mamma si è sistemata grazie a te*
*ti voglio troppo bene".*
(ragazza, classe I)

---

*"Sono Tippy, se hai tempo mi chiami?*

*Se si sono in II o in biblioteca, altrimenti alla prossima, ciao..."*
(ragazzo, classe II)

---

*"Ci vediamo dopo le vacanze natalizie. Buone vacanze!!!"*
(ragazza, classe III)

# 14. QUANDO LO "SPORTELLO" ENTRA IN CLASSE

Capita sempre più spesso che lo psicologo scolastico sia chiamato ad intervenire sull'intero gruppo- classe. Questo per le motivazioni più disparate; tra le più frequenti ricordiamo il bullismo, i problemi di disciplina, la presenza di gruppi-classe poco coesi o molto conflittuali, l'elaborazione di un lutto condiviso dai compagni (ad esempio, la morte di un docente o di un compagno), l'educazione all'affettività e/o alla sessualità, ecc.

Occorre, innanzi tutto, fare una premessa. È molto diverso intervenire in una classe in casi di "emergenza" (come il bullismo) piuttosto che svolgere un progetto standardizzato di educazione alla sessualità. Nel primo caso, infatti, l'intervento dovrà essere progettato ad hoc. Questo significa che lo psicologo dovrà svolgere una preliminare e preziosissima fase di raccolta di informazioni che si basa su colloqui con gli insegnanti e la Dirigenza (per inquadrare i motivi per cui viene richiesto l'intervento) e su almeno un incontro conoscitivo con il gruppo classe. Per "incontro conoscitivo" intendo che lo psicologo dovrà entrare in classe la prima volta con l'obiettivo di osservare, focalizzandosi sul motivo per cui è stato interpellato. Ovviamente, l'osservazione non può e non deve essere passiva: non condivido l'atteggiamento dello psicologo che entra in classe, si siede accanto al docente e, silenziosamente, prende appunti. Questo atteggiamento non è funzionale perché il professionista crea comunque disturbo solo con la sua presenza; suscita interrogativi e curiosità senza spesso chiarire e spiegarne il motivo e, quindi, il più delle volte, non ricava molte informazioni utili da queste osservazioni. Molto meglio è, a mio avviso, un'osservazione attiva, in cui lo psicologo interagisce con il gruppo sin dal primo incontro coinvolgendo la classe in alcune attività introduttive e spiegando ovviamente i motivi della sua presenza. Non è questa la sede per dilungarsi sugli interventi in classe, però mi preme evidenziare che un intervento di questo tipo, per essere minimamente efficace, deve essere progettato dopo aver svolto una preliminare valutazione del gruppo e dopo aver esplicitato chiaramente gli obiettivi. Definire chiaramente gli obiettivi è fondamentale per evitare le aspettative irrealistiche di docenti e alunni: gli obiettivi devono essere precisi e modesti. Un altro fattore importante degli interventi progettati ad hoc è la flessibilità: dopo la valutazione iniziale e l'esplicitazione degli obiettivi, occorre mantenere un margine di libertà per quanto concerne sia il numero degli incontri sia i contenuti degli stessi. Questo perché da ogni incontro emergono elementi imprevedibili che permettono di progettare il successivo.

A titolo esemplificativo, riassumo un intervento che ho svolto in una seconda media e che ha ottenuto discreti risultati. L'intervento mi era stato richiesto da insegnanti e Dirigenza perché nella classe era presente un alunno con disturbo della condotta, caratterizzato da comportamenti provocatori, oppositivi verso le figure adulte e vessatori verso i compagni, oltre che da atteggiamenti di continuo disturbo durante le lezioni. Ci si può chiedere perché un disagio individuale abbia richiesto un intervento a livello di gruppo. Secondo un'impostazione sistemico-relazionale, non è possibile intervenire su di un fattore individuale prescindendo dal contesto in cui è inserito. In particolare, si ritiene che tra soggetto e contesto ci sia un rapporto causale complesso, bidirezionale: il soggetto è influenzato dal contesto e, al contempo, lo influenza, secondo un modello eziologico circolare. Citando Watzlawick: "ogni parte di un sistema è in rapporto tale con le parti che lo costituiscono che qualunque cambiamento in una parte causa un cambiamento in tutte le parti e in tutto il sistema". Di conseguenza, all'interno del "sistema" scuola ogni alunno - portatore della propria unicità – modifica il gruppo-classe in cui è inserito ed è modificato da esso. Parallelamente, il gruppo classe fa parte di un plesso scolastico, questo di un istituto comprensivo e così via: per comprendere profondamente un fenomeno, occorre adottare un punto di vista ad "ampio raggio" che sappia spaziare da un livello all'altro di profondità. Quando un alunno è portatore di disagio, questo, inevitabilmente influenza l'intero gruppo-classe ma, al contempo, può essere spia di una problematica che riguarda l'intero gruppo. Di conseguenza, quel singolo alunno non solo "perturba" il sistema-classe in cui è inserito, ma è portavoce di significati che concernono l'intero gruppo.

Tornando al nostro esempio, il disturbo della condotta di M. provocava, quindi, reazioni di disagio sia nel corpo docente sia nel gruppo classe sia – a un livello più ampio- nell'intero plesso scolastico.

A livello di corpo docente, la presenza del ragazzo stava suscitando delle scissioni tra insegnanti, ognuno schierato, difensivamente, nella sua posizione (che andava dalla linea più materna-accogliente contrapposta a quella paterna- normativa): tale scissione influenzava ulteriormente il comportamento dell'alunno e viceversa. A livello di classe, si stava diffondendo tra alunni e genitori un atteggiamento di paura e impotenza che portava a frequenti lamentele e proteste. Inoltre, M. stava assumendo un ruolo di leader negativo, imponendosi a volte sulla leadership dell'insegnante presente e rischiando di boicottare le lezioni.

Alla luce di tutto ciò, i miei obiettivi si sono basati, essenzialmente, sul fornire delle chiavi di lettura per comprendere l'atteggiamento del gruppo e del singolo e sul favorire spunti di riflessione sul significato di leadership. Coerentemente con gli obiettivi, sono stati svolti tre incontri in classe *con la presenza dell'insegnante*, in un'ottica di collaborazione e di integrazione delle prospettive. Il mio ruolo è stato essenzialmente quello di utilizzare i miei strumenti di analisi delle dinamiche di gruppo (acquisiti anche attraverso una specifica formazione in intervento psicoanalitico sul gruppo) per cogliere, mostrare i significati inconsci di gruppo nella loro funzione controproducente e cercare di sostituirli con altri più produttivi.

In particolare, ho utilizzato le seguenti tecniche:

- ⅄ discussione interattiva guidata (ognuno può intervenire a sua scelta);
- ⅄ brainstorming;
- ⅄ visione di film a tema: mezzo fondamentale perché il significato viene espresso con delle immagini ed inserito all'interno di una narrazione, assumendo una connotazione fortemente evocativa.

Nel primo incontro, che - come spiegato - ha una valenza osservativa, è emersa la presenza di un disagio a livello di gruppo-classe, caratterizzato da un blocco espressivo e anche didattico. Tale blocco era espresso attraverso una difficoltà a parlare anche con me dei loro problemi di gruppo. In particolare, un sotto-gruppo di maschi (probabilmente vessati da M) mostrava un atteggiamento impaurito e apatico, incapace di esprimere le proprie opinioni, per timore della sua reazione. Nonostante ciò, si andava delineando l'idea - espressa da un portavoce – che il gruppo non dovesse accettare il mandato dell'istituzione scolastica basato sull'obbedienza e sull'adempimento dei doveri, ma che, al contrario, dovesse poter esprimere i propri bisogni più ricreativi e ludici. Ho intravisto in tale significato il conflitto squisitamente pre-adolescenziale tra desiderio di crescere ed esprimere i propri bisogni evolutivi e la paura di farlo, sentendosi ancora piccoli, infantili. Da tale conflitto, scaturiva una controreazione oppositiva ("per non sentirci bambini facciamo i grandi che non ascoltano più gli adulti") veicolata, ovviamente, dalla presenza di M. e manifestata dalle conseguenze controproducenti (calo del rendimento scolastico). Ho cercato di esplicitare alla classe tale conflitto. Gli incontri successivi si sono quindi basati, essenzialmente, sulla discussione del significato di leader positivo. Sono emerse idee contrastanti di leadership: qualche maschio ha sottolineato l'idea di forza insita nella prevaricazione, nel dominio, di una leadership autoritaria basata sull'incutere paura nell'altro. Via via si è delineata una visione diversa di leadership sostenuta inizialmente da qualche femmina: un'idea basata sulla comprensione, sull'atteggiamento empatico e tollerante nei confronti dell'altro. Si è evidenziata l'inutilità, l'improduttività della prima forma di leadership (come anche di quella, opposta, accondiscendente) contrapposta all'utilità e al miglioramento del benessere della seconda. Nel terzo incontro, i ragazzi hanno capito che la vera forza non risiede nella collera o nell'opposizione, ma nel coraggio e nell'autocontrollo, caratteristiche di un vero leader. Al contrario, gli atteggiamenti provocatori possono derivare da reazioni di tipo infantile.

Senza dilungarmi ulteriormente sui contenuti emersi negli incontri successivi, dal primo al terzo incontro il clima di gruppo è migliorato: i ragazzi si sono sbloccati, riuscendo ad esprimersi più frequentemente e meglio. Il gruppo ha colto l'inutilità di una leadership di tipo negativo (rappresentata dal compagno M.) e ha espresso l'idea di volerla contrastare, sostituendola con forme più proficue.

Nonostante i risultati ottenuti, tre incontri possono sembrare irrisori, ma occorre considerare alcuni fattori:

⅄ l'intervento dello psicologo è solo un incipit: dopo di esso, gli insegnanti devono proseguire coerentemente, nella stessa direzione, facendo tesoro di quanto emerso negli incontri con il professionista. In assenza di questa collaborazione e continuità, l'intervento dello psicologo rischia di essere inutile;

⅄ il gruppo amplifica tutto: il gruppo è un potente catalizzatore: tutto quello che avviene all'interno di esso viene amplificato, quindi gli incontri con lo psicologo - anche se poco numerosi - assumono un certo peso;

⅄ l'unione fa la forza: le risorse del gruppo sono grandi: se si fa leva sul gruppo, ad esempio, la leadership negativa di uno o pochi soggetti può essere smantellata.

In conclusione, lo sportello d'ascolto a volte si deve spostare ed ampliare, arrivando a coinvolgere un' intera classe portatrice di disagio. Rientra, quindi, nelle competenze dello psicologo scolastico anche una formazione specifica sulle dinamiche di gruppo.

Gli incontri con lo psicologo in classe vengono ricordati dai ragazzi come dei momenti importanti, in cui sono stati messi in primo piano dei contenuti di tipo affettivo e relazionale, dai quali, al giorno d'oggi, la scuola non può più prescindere. Anche chi solitamente incontra difficoltà scolastiche e di rendimento è chiamato a condividere con gli altri vissuti e bisogni simili, in un'ottica non valutativa di condivisione. Il rovescio della medaglia è che in assenza di voti e di misure disciplinari, spesso, durante questi incontri (soprattutto in assenza degli insegnanti) si possono riscontrare dei problemi di disciplina (anche seri). Ancora una volta, spetta allo psicologo trovare il modo di affrontarli, non solo attraverso degli interventi di tipo verbale, ma anche attraverso un atteggiamento autorevole e fermo, indispensabile per ottenere la considerazione del gruppo.

# 15. UN DODECALOGO PER ADULTI

La preadolescenza è una fase relativamente breve, ma delicata e complessa per i numerosi compiti evolutivi che essa richiede di svolgere in breve tempo. Di conseguenza, gli adulti coinvolti non devono sottovalutarne l'importanza, pensando che un loro supporto empatico e autorevole è molto prezioso in questa fase. In particolare, penso che gli adulti possano coni i loro atteggiamenti alleggerire o, al contrario, appesantire (nella maggior parte de casi senza volerlo!) una fase di per sé complicata.

Vediamo qualche accorgimento per cercare di sostenere i preadolescenti nel loro percorso di crescita:

- ⚐ comprendere la preadolescenza: come sottolineato nei precedenti capitoli, per aiutare i ragazzi, è importante capire le specificità della fase preadolescenziale. Quindi, ben vengano non solo delle letture ma anche la visione di film incentrati su questa età. Fornirò nella bibliografia un elenco di letture valide e qualche titolo di film utile;

- ⚐ ricordarsi la propria preadolescenza: oltre a informarsi, sarebbe utile cercare di rievocare ricordi autobiografici legati alla propria preadolescenza. Questo aiuta a divenire più empatici nei confronti dei ragazzi;

⅄ osservarli senza preconcetti e senza aspettative: questo atteggiamento non è semplice, ma è fondamentale. Significa sorvegliare i cambiamenti psico-fisici dei ragazzi senza pretendere di modificarli o di influenzarli. Ad esempio, se vostro figlio di prima media vive la sua prima tormentata e struggente cotta, non serve a niente cercare di dissuaderlo con affermazioni del tipo: "sei troppo piccolo per queste cose" o "devi pensare alla scuola non alle ragazze", anzi, in questo modo rischiate soltanto di suscitare in lui degli scomodi e controproducenti sensi di colpa. Il dato di realtà, innegabile e incontrovertibile, è che vostro figlio si è innamorato: questa semmai è un'informazione da tenere in grande considerazione, elaborando il fatto che "quel bambino che aveva occhi solo per voi ora non esiste più";

⅄ Aprire un dialogo di tipo affettivo: fondamentale a qualsiasi età, è un dialogo incentrato sui sentimenti e le emozioni. L'educazione all'affettività deve essere svolta il prima possibile e non solo a scuola, ma anche in famiglia. Questo perché imparare a riconoscere e a comunicare le proprie emozioni permette di prevenire forme di disagio psicologico e aiuta ad elaborarle. Un cartone animato come "Inside-out" è molto utile a questo scopo, ma deve essere integrato ad un atteggiamento costante e coerente di dialogo affettivo in primis da parte dei genitori. Ricordo anche che l'educazione all'affettività stimola l'empatia e previene, quindi, atteggiamenti di bullismo (nei quali, come è noto, l'empatia è azzerata);

⅄ accettare e non ostacolare i tentativi di separarsi psicologicamente da voi: il preadolescente diviene più autonomo ed indipendente, quindi inizia ad avere anche qualche piccolo segreto che preferisce condividere con l'amico del cuore piuttosto che con i genitori. Quindi, da genitori, dovete superare anche questa frustrazione, accettando questo loro bisogno;

⅄ continuare a vigilare: l'adulto deve trovare un compromesso non sempre facile tra il favorire l'autonomia e continuare a sorvegliare il preadolescente. É, infatti, sbagliato considerarlo come un adulto. Il preadolescente (come l'adolescente) ha bisogno di limiti e di regole. Ad esempio, ritengo che sia sbagliato vietare l'utilizzo dei social poiché i ragazzi si sentirebbero ingiustamente "tagliati fuori" dal mondo dei coetanei (cfr, "Sempre in contatto" di Lancini e Turuani, 2009), ma è fondamentale che il loro utilizzo sia sorvegliato e regolamentato, conferendo delle regole temporali (ad esempio: un'ora al giorno), controllando la cronologia delle navigazioni (per proteggerli da "incontri" inopportuni in rete). Quest'opera di sorveglianza è molto diversa da un esercizio di controllo totale sul loro mondo: si tratta di dare dei limiti, non ad esempio, di spiare quello che la figlia dodicenne scrive sul proprio diario;

⅄ accettarli e valorizzarli: i figli crescono, cambiano e può capitare che si trasformino in un modo contrario alle aspettative degli adulti. Ad esempio, la figlia non è la prima della classe come sua madre avrebbe desiderato, oppure il figlio non è un campione nel calcio come suo padre si aspettava e così via...non serve a niente obbligarli ad essere quello che non sono, molto meglio è valorizzare e apprezzare le loro qualità e competenze;

⅄ accogliere e spiegare l'insorgenza di eventuali atteggiamenti regressivi: abbiamo visto che è normale - soprattutto in alcuni momenti o in alcune occasioni - che il preadolescente ricominci a comportarsi in un modo infantile. Gli adulti non dovrebbero spaventarsi o rimproverare i ragazzi, ma accettare anche questi momenti, cercando però di dare loro un significato attraverso il dialogo affettivo ("va bene, per questa sera vieni nel lettone: mi stai chiedendo questo perché sei spaventata perché oggi sono arrivate le mestruazioni"). D'altra parte, gli adulti non dovrebbero neppure incentivare e premiare questi comportamenti di tipo infantile, trattando i ragazzi come se fossero bambini. Un buon compromesso è il dialogo: accettiamo questa tua regressione ma insieme capiamo che è dovuta proprio al fatto che stai diventando grande, non al fatto che stai tornando bambino;

⅄ prendere sul serio le loro preoccupazioni: come spiegato nei capitoli precedenti, alcune questioni come quelle legate all'amicizia assumono un'importanza vitale nella mente del preadolescente. Di conseguenza, esse non vanno sottovalutate. Vi ricordo che a volte alla base di un calo del rendimento scolastico stanno proprio preoccupazioni di questo tipo;

⅄ evidenziare l'importanza dei compiti evolutivi, non solo di quelli scolastici: questo vale anche per gli insegnanti: i compiti evolutivi sono ancora più importanti di quelli scolastici, quindi è bene che ogni preadolescente impari a svolgerli. Pensiamo a quei ragazzi bravissimi a scuola ma che non hanno amici o a quelle ragazze "secchione" che temono i maschietti: queste situazioni forse segnalano che i compiti evolutivi non sono adeguatamente svolti;

⅄ non tenerli sotto una campana di vetro: soprattutto i ragazzi di prima media sono spesso spaventati dalla vita: non serve a niente proteggerli cercando di evitare loro sofferenze e frustrazioni, di per sé inevitabili. Molto meglio accompagnarli, mostrando loro dei modi funzionali di affrontare le difficoltà;

⅄ porsi come adulti autorevoli: per essere credibili e per divenire dei punti di riferimento preziosi, occorre assumere un atteggiamento autorevole. L'adulto che si comporta da adolescente, troppo permissivo, non è preso sul serio; al contrario, l'adulto autoritario e troppo formale incute timore e dissuade dal dialogo di tipo affettivo. L'adulto deve conferire limiti e regole con un atteggiamento improntato al dialogo e all'empatia. In particolare, le regole vanno chiarite ed argomentate ed i compromessi vanno incoraggiati con un atteggiamento costruttivo.

# CONCLUSIONI

Non è semplice sintetizzare in poche pagine una fase di vita complessa quale la preadolescenza. Nonostante ciò, ho cercato di utilizzare la mia esperienza nelle scuole secondarie di primo grado per provare ad offrire agli adulti coinvolti degli spunti di riflessione e spero anche qualche utile chiave di lettura per meglio comprendere cosa accade nella mente dei preadolescenti. Questo, infatti, è il primo passo per decidere come aiutarli nel loro processo evolutivo.

Infatti, ho notato che a volte gli adulti ignorano quello che i loro figli/alunni preadolescenti vivono a livello affettivo: lo scoprire che, ad esempio, le loro preoccupazioni più frequenti concernono il rapporto con i coetanei (nel quale rientrano le prese in giro e la ricerca del migliore amico) potrebbe portare i genitori e gli insegnanti a conferire maggiore importanza e peso a tali questioni, aiutando i ragazzi a vivere meglio questa fase. Allo stesso modo, è importante tenere a mente che lo sviluppo puberale innesca dei fondamentali cambiamenti non solo a livello fisico, ma anche a livello cognitivo e affettivo e che l'innamoramento dovrebbe essere inteso come un'esperienza evolutiva fondamentale.

Altra informazione importante e a mio avviso utile è comprendere quanto il primo anno di "scuola media" sia delicato e difficile anche per il suo significato di "rito di passaggio" dall'infanzia alla preadolescenza. In tale rituale

159

di passaggio, rientra anche il processo di separazione psicologica dai genitori che, come abbiamo visto, spesso è vissuto in modo ambivalente, alternando atteggiamenti più emancipati ad altri più regressivi (come il voler tornare nel "lettone").

I genitori dei bambini dovrebbero già iniziare ad informarsi su quello che accadrà in preadolescenza per prepararsi in anticipo, cercando di vivere appieno ogni fase evolutiva dei propri figli, con le proprie specificità. Dovrebbero, quindi, avere in mente che alcune caratteristiche ed atteggiamenti dei loro figli-bambini sono tipiche dell'infanzia e che quindi sono destinate a scomparire in preadolescenza, lasciando spazio ad altri bisogni ed atteggiamenti.

Ai colleghi più giovani che intendono iniziare a lavorare nelle scuole, consiglio di riflettere molto sul loro ruolo all'interno della scuola e sulle funzioni che i preadolescenti attribuiscono allo psicologo scolastico. Evidenzio, inoltre, che trovandosi all'interno di un'istituzione scolastica, il ruolo dello psicologo deve necessariamente integrarsi con essa, in un'ottica di prevenzione del disagio e di collaborazione con le altre figure professionali. La formazione in psicoterapia dell'adolescenza diviene d'obbligo non per fare psicoterapia a scuola (cosa che come spiegato è "fuori luogo"), ma per acquisire quell'indispensabile capacità di utilizzare se stessi come strumento per comprendere l'altro. Anche una formazione specifica nelle dinamiche di gruppo è fondamentale per operare a scuola perché essa può essere vista come un "macrosistema" costituito da tanti "microsistemi" interconnessi: il corpo docente, il gruppo dei collaboratori, il gruppo dei genitori, il personale di segreteria, la dirigenza, e, soprattutto, le classi. Inoltre, nei gruppi-classe è sempre più richiesto l'ingresso dello psicologo.

In conclusione, posso affermare che lavorare ed interagire con i preadolescenti non è facile, ma è un'esperienza molto istruttiva ed arricchente, soprattutto se gli adulti coinvolti sono in grado di porsi in un atteggiamento di scoperta e di dialogo.

# BIBLIOGRAFIA

⅄ Maggiolini A. (1997), *Counseling a scuola,* FrancoAngeli, Milano.

⅄ Lancini M. (2003), *Ascolto a scuola,* FrancoAngeli, Milano.

⅄ Lancini M., Turuani L. (2009), *Sempre in contatto,* FrancoAngeli, Milano.

⅄ Lancini M. (2007), *Genitori e psicologo,* FrancoAngeli, Milano.

⅄ Pietropolli Charmet G., (2000) *I nuovi adolescenti,* Raffaello Cortina Editore, Milano.

⅄ Pietropolli Charmet, G., (2012) *Fragile e spavaldo ritratto dell'adolescente di oggi,* Ed.Laterza, Bari.

⅄ Maggiolini A., Pietropolli Charmet G., (2004) *Manuale di psicologia dell'adolescenza: compiti e conflitti,* FrancoAngeli, Milano.

⅄ Maggiolini A., Riva E., (1999) *Adolescenti trasgressivi,* FrancoAngeli, Milano.

⅄ Goldstein A.P., Glick, B. (1997), *Stop all'aggressività,* Erickson, Trento.

⅄ Mancini G. (2006), *L'intervento sul disagio scolastico in adolescenza,* Franco Angeli, Milano.

⅄ Menesini E. (2003), *Bullismo: le azioni efficaci della scuola,* Erickson, Trento.

⅄ Piaget J., Inhelder B. (1995), *Dalla logica del fanciullo alla logica dell'adolescente,* Giunti, Firenze, 1971.

163

⅄ Polito M. (2000), *Attivare le risorse del gruppo classe*, Erickson, Trento.

⅄ Watzlawick, P., Beavin J.H., Jackson D.D. (1971), *Pragmatica della comunicazione umana*, Astrolabio, Roma.

# FILMOGRAFIA

- *Banana,* Andrea Jublin, Italia, 2015.
- *Basta guardare il cielo (The Mighty),* Peter Chelsom, USA, 1998.
- *Billy Elliott;* Stephen Daldry, Gran Bretagna, Francia, 2000.
- *C'era una volta un'estate,* Nat Faxon, USA, 2013.
- *Fuga dalla scuola media (Welcome to the Dollhouse),* Todd Solondz, USA, 1995.
- *Il ragazzo che sapeva volare (The Boy Who Could Fly)*, Nick Castle, USA, 1986.
- *Inside out;* Pete Docter e Ronnie del Carmen, USA, 2015.
- *Lontano da casa (Far from Home: The Adventures of Yellow Dog),* Phillip Borsos, USA, 1995.
- *Moonrise Kingdome – Una fuga d'amore,* Wes Anderson, USA, 2012.
- *Mustang,* Deniz Gamze Ergüven, Francia, 2015.
- *Ricordo di un'estate (Stand by me)*, Rob Reiner, USA, 1986.
- *Sognando Beckham (Bend It Like Beckham),* Gurinder Chadha, USA, Gran Bretagna, Germania, 2002.
- *Tarzan di gomma (Gummi Tarzan)*, Søren Kragh-Jacobsen, Danimarca, 1981.

**youcanprint**

Finito di stampare nel mese di Luglio 2018
da Andersen S.p.a
per conto di Youcanprint *Self-Publishing*

9 788827 841068